선사시대 ~ 삼국시대

김인순 지음

머리말

'역사'라는 과목은 자칫 시험을 위한 암기과목으로 생각하기 쉽다. 그래서 주요 사건들과 인물들에 대한 단편적인 내용들에 대한 정보들을 연대표 위주로 암기하는 일들을 되풀이해 왔다.

요즘에 와서야 아동 및 청소년들에 맞춘 이야기 형식의 역사 관련 서적들이 많이 출간되어 그동안 어렵게만 생각해 왔던 역사 공부에 새로운 방향들이 제시되고 있다.
그런데 여러 가지 방법들로 역사를 공부해도 쉽게 잊고 마는 이유는 바로 연계성을 제시해 주지 못했기 때문이다.

역사는 이해 과목이다. 앞뒤에 일어난 일들을 연결고리를 가지고 계속 이어나가야 하는 작업인 것이다. 그러므로 각각의 시대를 눈으로 쉽게 이해할 수 있는 '지도'야말로 매우 중요한 도구라고 할 수 있겠다. '지도'를 통해 각국의 정세와 지역적인 이해관계를 통합적으로 볼 수 있는 눈이 생긴다.

다음은 '왕조실록'이다. 왕은 그 시대를 이야기해 주는 핵심인물이다. 왕의 생애와 업적들을 공부하면서 자연스레 사건과 상황들을 이해할 수 있게 된다. 업적이 뛰어난 왕 한두 사람의 위인전이 아닌 왕조사를 알게 되므로써 역사의 흐름을 알게 되는 것이다.
'지도'와 '왕조실록'을 위주로 엮은 본 책을 통해 배경 지식을 습득해 나가다 보면 자연스레 역사에 대한 관심과 이해도 높아질 것이라 기대한다.
아울러 우리의 미래를 위해 더욱더 중요시되는 우리나라 역사에 대해 우리 모두가 자긍심과 주체의식을 가지고 바로 알도록, 또 바로 알려지도록 하는 노력이 절실히 필요할 때이다.

김 인 순

Contents

- 4 선사시대
- 6 구석기시대와 신석기시대
- 7 청동기시대와 철기시대
- 8 고조선
- 9 단군신화
- 10 고조선에 대하여
- 11 연맹왕국
- 12 연맹왕국에 대하여
- 14 백제의 전성시대
- 15 백제의 수도 변천
- 16 백제의 건국
- 17 백제의 왕조 계보도
- 18 백제의 왕조실록
- 24 백제에 대하여
- 26 백제의 기와와 벽돌
- 27 백제의 고분
- 28 백제의 불상과 탑
- 29 백제의 가요
- 30 백제의 금동대향로
- 32 칠지도에 대하여
- 33 일본 속의 백제문화
- 34 마루에 대하여
- 35 김치와 단무지
- 36 백제의 인물
- 38 고구려의 전성시대
- 39 고구려의 수도 변천
- 40 고구려의 건국
- 41 고구려의 왕조 계보도
- 42 고구려의 왕조실록
- 48 고구려에 대하여
- 50 고구려의 산성
- 51 고구려의 고분
- 52 무용총과 각저총
- 53 강서대묘
- 54 광개토대왕릉비
- 55 중원 고구려비
- 56 고구려의 결혼 풍습
- 57 고구려의 시가
- 58 고구려의 음식 문화
- 59 고구려 제왕들의 책사
- 60 사랑도 잃고 목숨도 잃은 '호동왕자'
- 61 농사꾼에서 국상의 자리에 오른 '을파소'

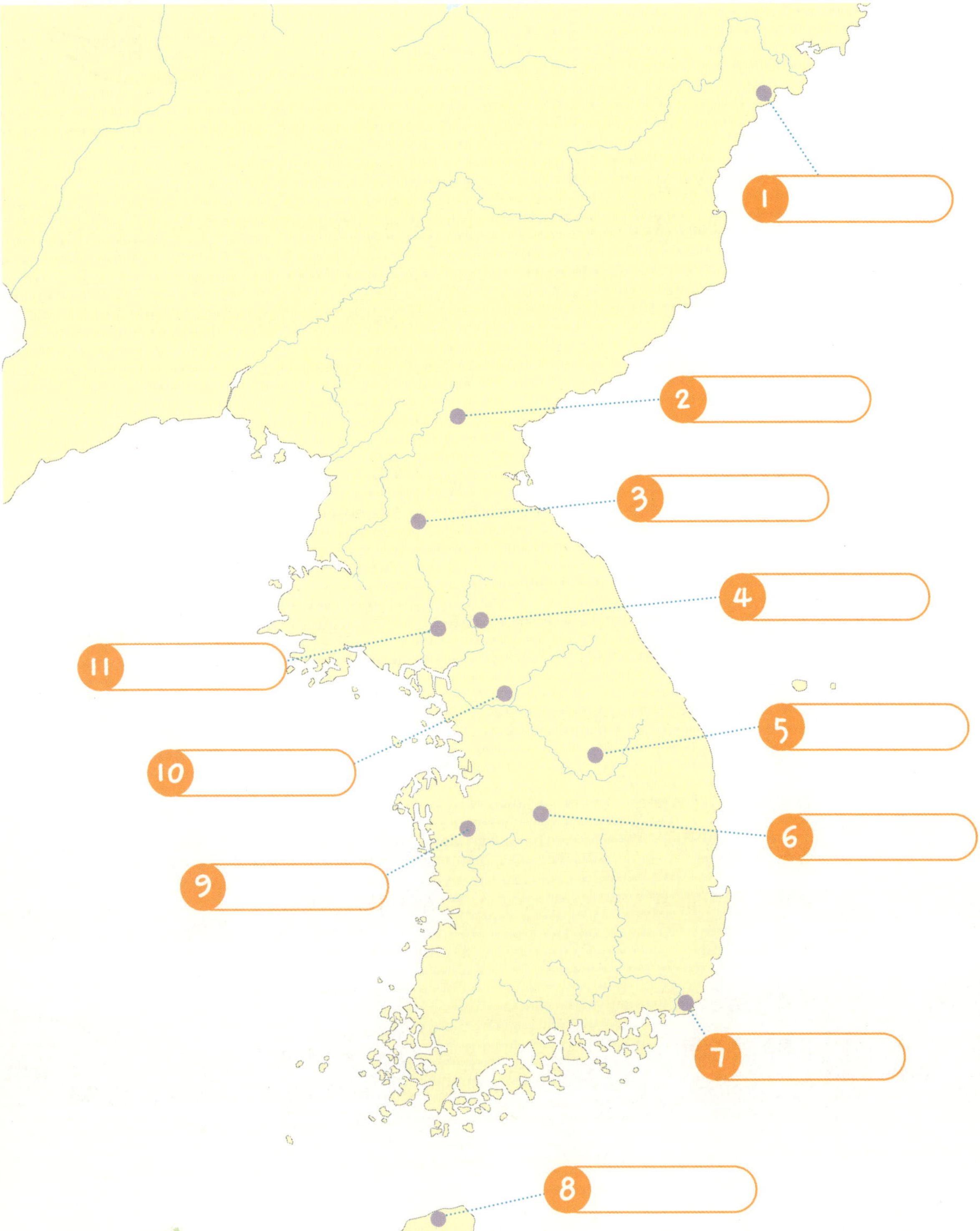

선사시대

1.
2.
3.
4.
5.
6.
7.
8.
9.
10.
11.

선사시대 유적지

1 공주 석장리 유적지 (사적 제334호)

- 위치 : 충청남도 공주시 장기면 장암리
- 역사적 가치 : 한반도에서 최초로 발견된 선사문화 유적지
- 선사시대 전기, 중기, 후기의 다양한 문화층이 형성되었으며, 집터, 불 땐 자리, 사람의 털과 짐승의 털, 불에 탄 곡식 낟알 등 주거지가 발견되었다.
- 긁개, 찌르개, 자르개, 주먹도끼, 주먹대패 등 타제석기 3000여 점이 발굴, 출토되어 선사문화 연구의 귀중한 자료라 할 수 있다.

> 공주 석장리 유적지

2 강화 고인돌 (사적 제136호)

- 위치 : 인천 강화군 하점면 부근리
- 2000년 12월 2일 세계문화유산으로 등록되었다.
- 역사적 가치 : 청동기시대 유적으로 이전의 가족 중심 사회에서 정치적 단계로 발전한 집단이 형성되었다는 것을 알려주는 지표가 된다.
- 덮개돌의 길이가 6.5m, 너비 5.2m, 두께 1.2m, 무게가 약 50톤, 전체 높이는 2.6m이다.
- 돌의 종류는 흑운모편마암이며 형태는 탁자식 고인돌이고, 전형적인 북방식 고인돌이다.

> 강화고인돌

구석기시대와 신석기시대 Q&A

1 지구의 나이는?

➡ 약 (   )살

2 우리나라에는 언제부터 사람이 살았나?

➡ 약 (   )년 전

3 구석기시대에 사용했던 것으로 돌을 깨뜨려 만든 석기를 무엇이라 하나?

➡ (   )

※ 이 석기의 종류에는 주먹도끼, 긁개, 밀개 등이 있었다.

> 뗀석기

4 구석기시대 사람들은 어디에서 살았나?

➡ (   )

5 다음 중 구석기시대 유적지가 아닌 것은? (   )

① 함북 웅기군 굴포리   ② 평남 상원 검은모루 동굴
③ 충남 공주시 석장리   ④ 부산 동삼동
⑤ 제주 애월읍 어조리 빌레못 동굴

6 신석기시대 사람들이 사용했던 것으로 돌을 갈아서 만든 석기는?

➡ (   )

7 신석기시대 사람들은 어디에서 살았나?

➡ (   )

> 빗살무늬 토기

8 신석기시대에 만들어진 토기의 종류는?

① (   ) 토기
➡ 표면에 띠 모양의 흙을 덧대어 무늬를 만듦
② (   ) 토기
➡ 토기의 겉면을 빗살 모양으로 누르거나 찍어서 만든 것으로 밑부분이 달걀처럼 뾰족함

청동기시대와 철기시대 Q&A

1 청동을 만드는 재료 두 가지는? (,   )

➡ ① 망간   ② 구리   ③ 아연   ④ 니켈   ⑤ 주석

2 청동으로 만들었던 도구에는 어떤 것들이 있나?

➡

▷ 청동방울

3 고인돌에 대하여 알아보자.

① 고인돌을 만든 이유는?

➡

② 고인돌을 만드는 방법은?

➡ 쓸만한 돌을 캐내어 (   )를 이용해 옮긴 뒤 구덩이에 (   )을 세우고 그 위에 흙을 돋우어 (   )을 얹은 뒤 흙을 치운다.

③ 고인돌은 청동기 시대가 어떤 사회였음을 보여 주는 것인가?

➡ (   )사회

4 철기시대에 사용했던 도구에는 어떤 것들이 있나?

➡

▷ 농경문 청동기

5 철기시대 생활의 특징이 아닌 것은? (   )

① 농사의 규모가 커졌다.
② 전쟁을 통해 땅과 포로를 얻었다.
③ 농업 생산량이 늘어났다.
④ 국가 체제가 등장하였다.
⑤ 모든 생활 도구를 철로 만들었다.

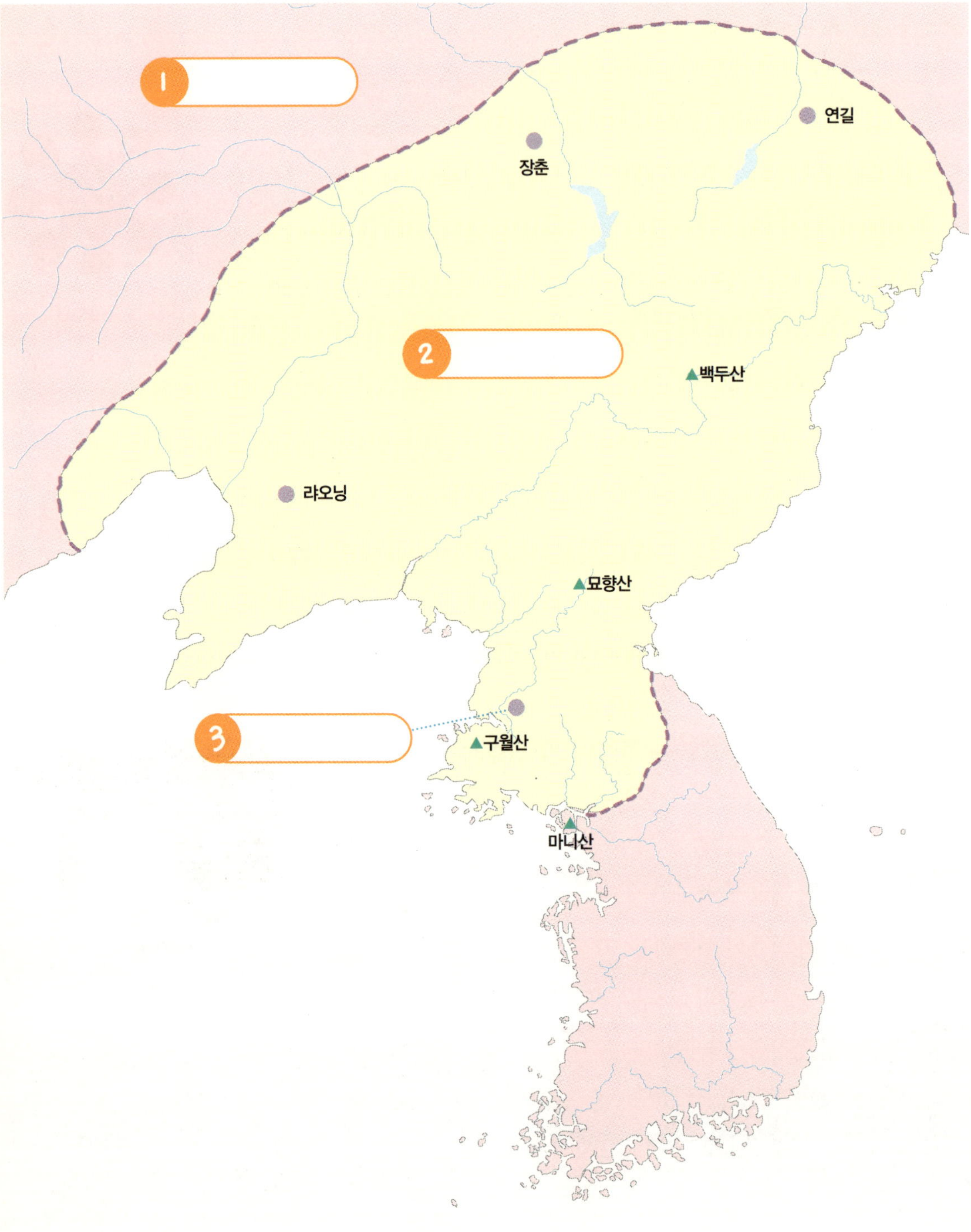

고조선

1.
2.
3.

· 장춘
· 연길
▲ 백두산
· 랴오닝
▲ 묘향산
▲ 구월산
▲ 마니산

8 한국사 여행 Ⅰ

단군신화 Q&A

1 천부인의 의미는?

➡ 풍백은 (　　　　), 우사는 (　　　　), 운사는 (　　　　)을 상징한다.

➡ 이는 곧 (　　　　)의 발달을 상징하는 것이기도 하다.

2 환웅이 태백산 꼭대기 신단수에 내려와 세운 곳을 무엇이라 하나?

➡ (　　　　　)

3 곰과 호랑이가 상징하는 것은?

➡ (　　　)을 상징한다.

4 '단군왕검' 이라는 이름의 뜻은?

➡ 단군 – (　　　　)을 의미함, (　　　　)적인 지도자
　　왕검 – (　　　　)을 의미함, (　　　　)적인 지도자

➡ 고조선이 (　　　　) 사회였음을 알 수 있다.

> 단군 영정

5 단군의 건국이념은?

➡ (　　　　　　　　)

　※ 널리 인간을 이롭게 한다!!

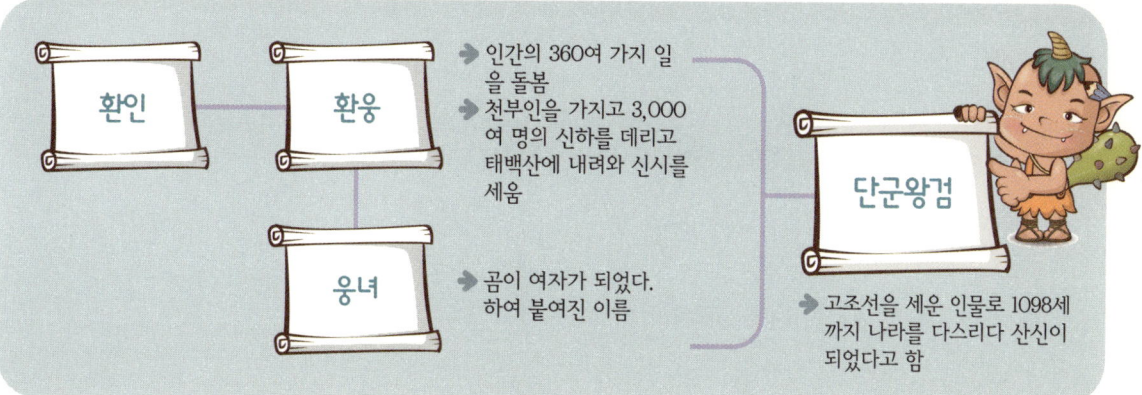

한국사여행 19

고조선에 대하여… Q&A

1 고조선이 세워진 때는?

➡ 기원전 (　　　)년

2 고조선의 역사는?

① (　　　　)조선
② (　　　　)집권기의 조선
③ (　　　　)집권기의 조선

3 '8조법금'을 통해 알 수 있는 고조선의 특징은?

➡ (　　) 발달, (　　)재산 인정, (　　) 사회, (　　)의 사용

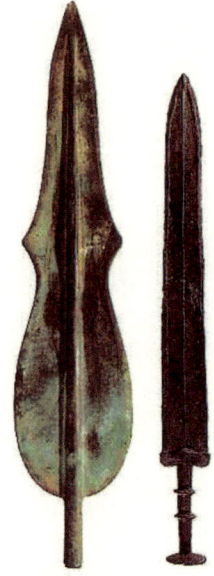

≫ 청동검

참고 '8조법금'의 내용

· 살인자는 즉시 사형에 처한다.
· 남의 신체를 상해한 자는 곡물로써 보상한다.
· 남의 물건을 도둑질한 자는 소유주의 집에 잡혀 들어가 노예가 됨이 원칙이나 배상하려는 자는 50만 전을 내놓아야 한다.

4 주인이 죽으면 살아 있는 노비를 강제로 죽여서 주인의 무덤에 함께 묻었던 것을 무엇이라 하나?

➡

5 고조선을 멸망시킨 나라는 다음 중 어디인가? (　　)

① 은　　　　② 주　　　　③ 진　　　　④ 한

6 고조선을 멸망시킨 위의 나라가 한반도에 설치한 4개의 군은?

➡ ①　　　　②　　　　③　　　　④

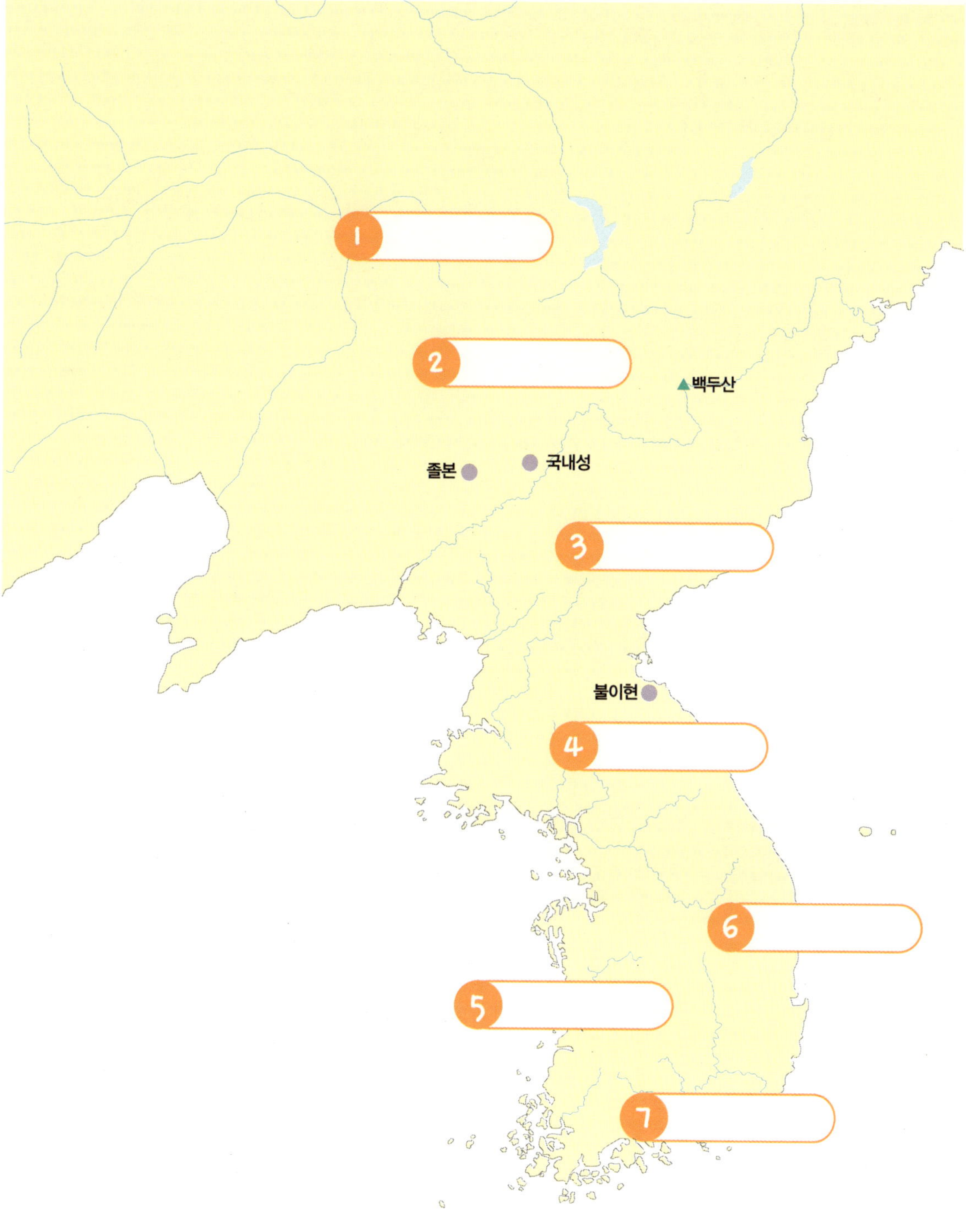

연맹왕국

▲백두산

졸본　국내성

불이현

1
2
3
4
5
6
7

연맹왕국에 대하여… ①

1 부여를 다스렸던 4명의 높은 관리는?

① (   ) ② (   ) ③ (   ) ④ (   )

➡ 이를 통해 부여가 (   ) 체제였음을 알 수 있다.

2 부여에서 추수를 감사하여 음력 12월 하늘에 제사를 지내던 의식을 무엇이라 하나?

➡ (   )

3 부여의 법을 무엇이라고 부르나?

➡ (   )

※ 4개의 항목이 발견되었다고 하여 붙여진 이름이다.

4 고구려의 '데릴사위제'란 무엇인가?

➡ 무예를 숭상하던 고구려에서 (   )이 없는 집에서 딸과 결혼한 (   )를 아들 삼아 데려오는 것을 말한다.

5 고구려의 제천행사를 무엇이라고 부르나?

➡ (   )

6 고구려의 법은?

➡ (   )

※ 도둑질을 한 사람에게 물건 값의 열두 배를 물어내게 했다고 한다.

7 고구려가 옥저와 동예로부터 공물로 받았던 물품을 각각 적어보자.

① 옥저로부터 받은 것

➡

② 동예로부터 받은 것

➡

연맹왕국에 대하여… ② Q&A

8 옥저에서 신부가 신랑의 집에 가서 어른이 될 때까지 살다가 신랑이 신부의 몸값을 치른 다음 결혼을 했던 풍습을 무엇이라 하나?
➡

9 동예에서 다른 부족의 재산을 빼앗았을 때 곡식이나 말로 갚게 했던 제도를 무엇이라 하나?
➡

10 동예에서는 제천행사를 무엇이라고 불렀나?
➡

11 '삼한' 이란?
① (　　　　) : 지금의 전라도, 충청도, 경기도 일대, 후에 (　　　　)가 됨
② (　　　　) : 지금의 대구, 경주 근처, 후에 (　　　)가 됨
③ (　　　　) : 지금의 김해, 마산 근처, 후에 (　　　)가 됨
➡ 이 세 지역을 합하여 '삼한' 이라 하였다.

≫ 솟대

12 '삼한' 때에 농사를 위해 만들어진 3대 저수지는?
① 제천 (　　　　)   ② 김제 (　　　　)   ③ 밀양 (　　　　)

13 삼한에서 천군(제사장)이 제사를 드리던 신성한 장소를 무엇이라 불렀나?
➡

14 삼한의 제천행사는?
➡ ① 5월 (　　　　)   ② 10월 (　　　　)

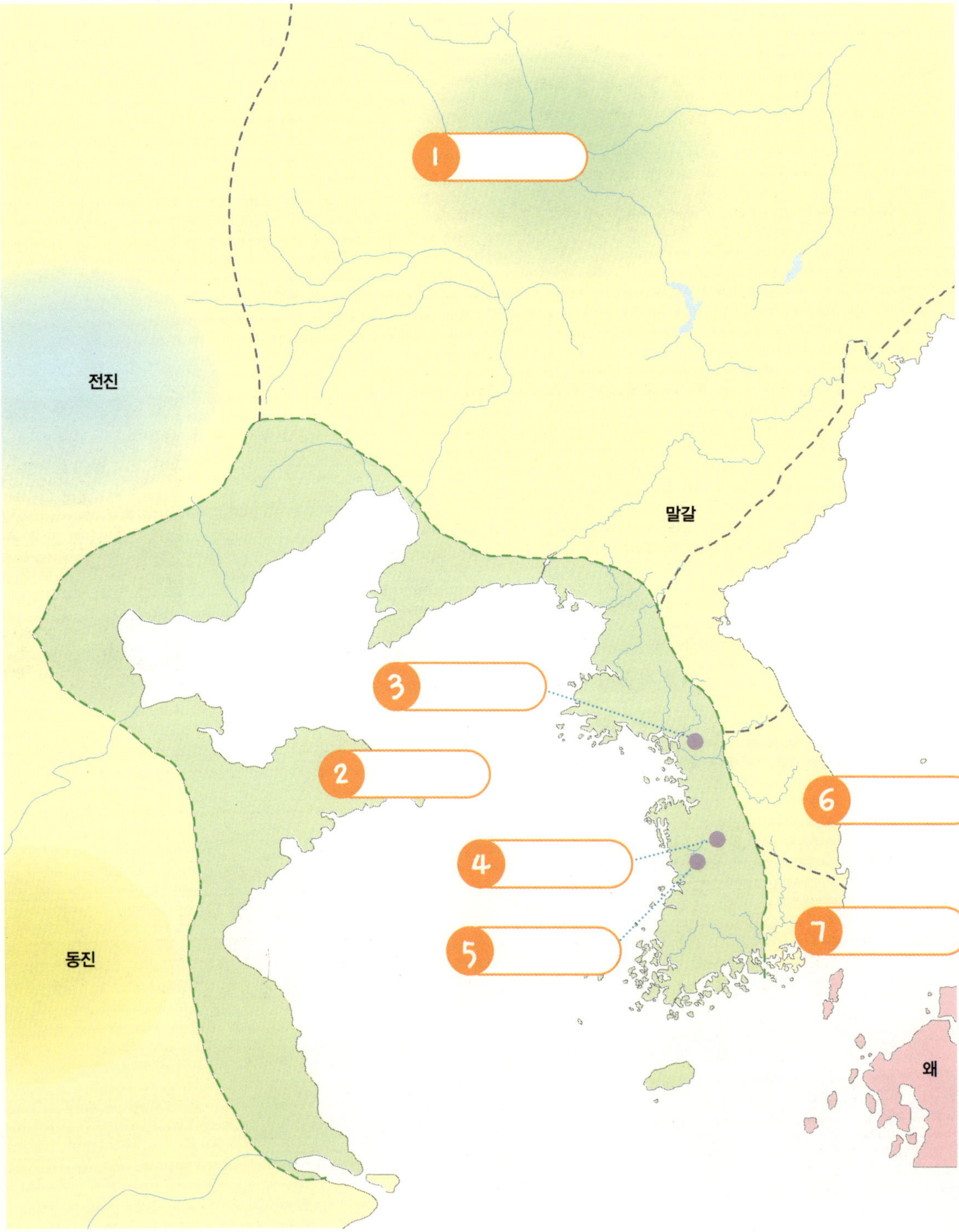

백제의 전성시대

전진

말갈

동진

왜

14 한국사 여행 I

백제의 수도변천 Q&A

1 (　　　)시대

- 수도였던 기간 : BC18년~AD475년
- 지금의 (　　　)로 백제의 시조인 (　　　)에 의해 선택되어 오랫동안 백제 발전의 터전이 되었던 곳이다.
- (　　　) : 성벽 길이는 2,285m이고 높이는 13~17m의 규모로 백제 초기의 왕도였다.
- (　　　) : 성벽 길이는 2,300m이고 높이는 8m 정도로 원래 둘레가 4km에 달했다고 한다.
- 이 시기에 백제는 고구려, 중국과의 교류가 활발하였다.

2 (　　　)시대

- 수도였던 기간 : AD475년~538년
- 왕궁이 있던 곳은 현재 충청남도 (　　　)의 (　　　)이었다.
- 고구려 (　　　)의 공격을 받은 백제의 (　　　)이 죽은 후 (　　　)이 백제의 터전을 옮겨왔다.
- 전체적으로 (　　　) 지형이기 때문에 (　　　)하기에 유리하다.
- (　　　) 고분과 (　　　)이 발견된 곳이기도 하며, 이 시기에 백제는 중국의 남조, 그리고 왜와 문화적으로 활발한 교류가 이루어졌다.

≫ 웅진성시대 그릇 받침

3 (　　　)시대

- 수도였던 기간 : AD538년~660년
- 백제의 부흥을 꿈꾸었던 (　　　)에 의해 백제의 세 번째 수도로 선택된 곳으로 오늘날의 충청남도 (　　　)를 말한다.
- 부소산 남쪽에 왕궁을 마련하고 외곽에 나성을 쌓아 본격적인 도성으로서의 모습을 갖추게 되었다.
- 백제가 이 시기에 세운 절로는 (　　　), (　　　), (　　　)가 있으며 왕릉으로는 (　　　) 고분이 많이 알려져 있다.
- 이 시기는 문화적으로 가장 융성한 시기였으며 불교 문화가 크게 발달하였다.

≫ 사비성시대 능산리 고분군

백제의 건국 Q&A

1 백제를 세운 인물은?
　➡ (　　　　　)

2 그의 아버지와 어머니는?
　➡ 아버지 (　　　　), 어머니 (　　　　)

3 온조와 비류가 고구려를 떠나 내려와 각각 도읍으로 정한 곳은?
　① 온조 : 지금의 서울인 (　　　　)
　② 비류 : 지금의 인천인 (　　　　)

4 온조가 세운 나라의 이름은?
　➡ (　　　　)
　※ 열명의 신하가 보필한다는 뜻
　　 10개의 강물을 건너왔다는 뜻

> 석촌동 백제고분

5 '백제'라는 국명의 뜻은?
　➡

6 백제를 세운 사람들이 부여에서 갈라져 나온 고구려 사람들이라는 증거는?
　① 백제의 터전인 (　　　) 유역에서 고구려의 (　　　　)무덤이 발견되었다.
　② 백제 왕족은 자신의 성을 (　　　)씨라고 하였다.

백제의 왕조계보도

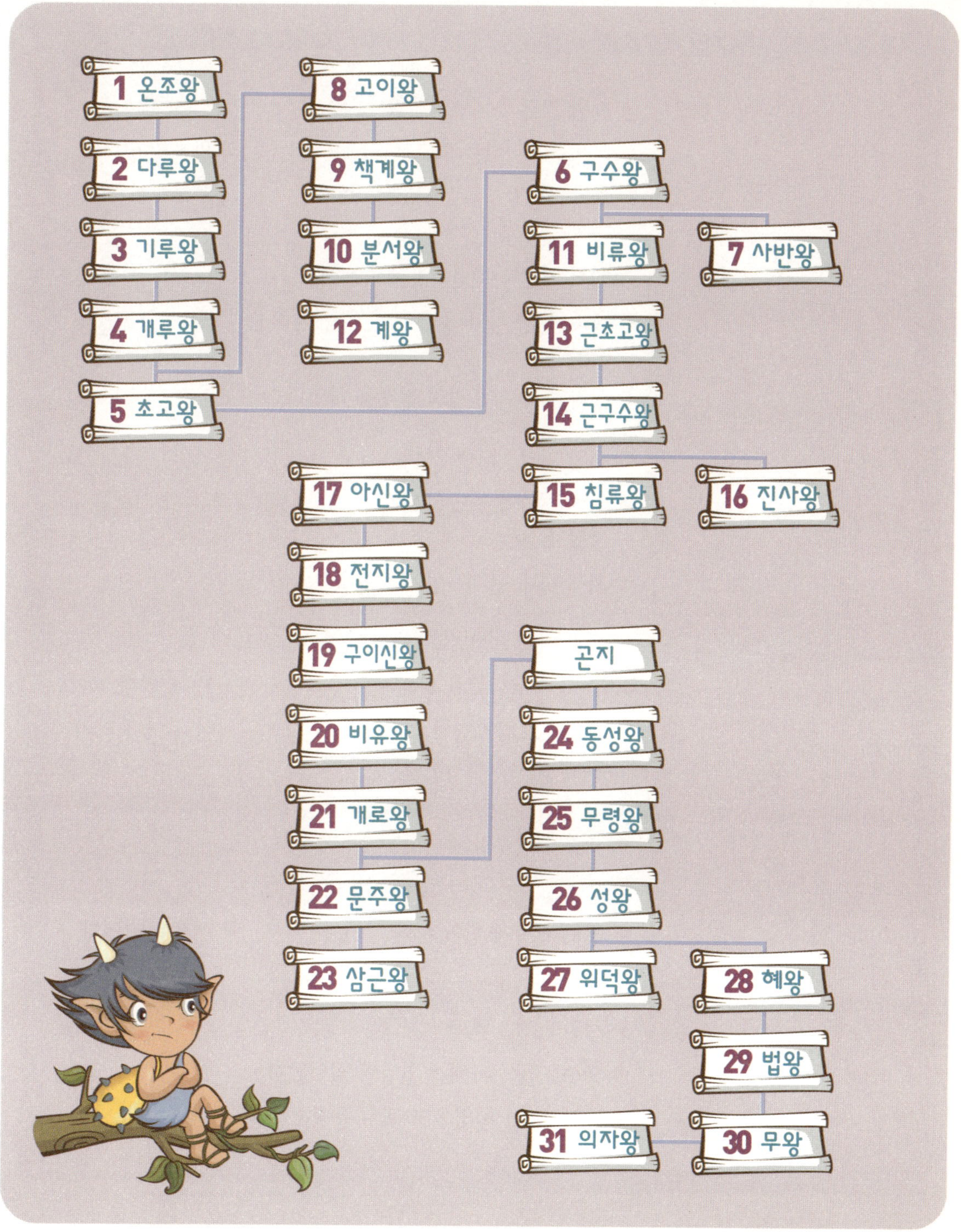

- 1 온조왕
- 2 다루왕
- 3 기루왕
- 4 개루왕
- 5 초고왕
- 6 구수왕
- 7 사반왕
- 8 고이왕
- 9 책계왕
- 10 분서왕
- 11 비류왕
- 12 계왕
- 13 근초고왕
- 14 근구수왕
- 15 침류왕
- 16 진사왕
- 17 아신왕
- 18 전지왕
- 19 구이신왕
- 20 비유왕
- 21 개로왕
- 22 문주왕
- 23 삼근왕
- 곤지
- 24 동성왕
- 25 무령왕
- 26 성왕
- 27 위덕왕
- 28 혜왕
- 29 법왕
- 30 무왕
- 31 의자왕

백제의 왕조실록… ①

1대		● 재위 기간 : 44년 4개월 ● (　　　)라는 묘호는 (　　　　)의 왕을 뜻한다. ● 적극적인 (　　)정책을 펼쳐 (　　)을 복속시켰다.
2대		● 재위 기간 : 49년 5개월 ● 온조의 맏아들로 (　　)라는 묘호는 '지배자'라는 뜻이다. ● 신라와 10년에 걸쳐 전쟁을 하였다.
3대		● 재위 기간 : 51년 2개월 ● (　　)의 침입을 받은 (　　)를 도와 유화 정책을 펼쳤다. ● 치세 내내 천재지변에 시달렸다.
4대		● 재위 기간 : 38년 ● (　　)을 막기 위해 (　　　　)을 쌓았다. ● 신라의 모반자였던 (　　)의 망명을 받아 주어 신라와의 사이가 악화되었다.
5대		● 재위 기간 : 48년 ● (　　　　)이라고도 알려져 있다. ● 영토 확장에 힘써 (　　), (　　)과 전쟁을 하였다.
6대		● 재위 기간 : 20년 ● 홍수, 가뭄, 화재가 연달아 일어났다. ● 키가 2m가 넘었으며 매우 용맹스러웠다.

백제의 왕조실록…②

7대		● (　　　)은 '모래반쪽'이라는 뜻 ● 구수왕이 사망하자 그의 맏아들인 사반왕이 왕위를 계승하였으나 어려서 정사를 돌볼 수 없다는 이유로 곧바로 폐위되고 (　　　)이 즉위하였다.
8대		● 재위 기간 : 52년 ● 삼국사기의 기록에 의하면 (　　　)의 둘째 아들이자 (　　　)의 아우로 (　　　)에게는 숙부가 된다. ● 말갈과 낙랑을 물리치는 등 대륙 진출을 통해 백제의 위상을 정립하였다. ● 율령을 반포하고 (　　)제도를 실시하였으며 관리들의 관복을 정하였다. ● 관리들의 뇌물수수를 방지하기 위해 (　　　　)을 시행하였다.
9대		● 재위 기간 : 11년 10개월 ● (　　　)의 아들로 (　　　)이라고도 불리었다. ● 흉노족이 쳐들어 온 것을 막다가 전사하였다.
10대		● 재위 기간 : 6년 1개월 ● (　　　)의 맏아들이다. ● (　　　)란 '서쪽을 나눴다'는 뜻으로 그가 서쪽 백제인 대륙 백제를 중요시했음을 말해 준다. ● 낙랑 태수가 보낸 자객에 의해 살해되었다.
11대		● 재위 기간 : 39년 11개월 ● (　　　)의 방계 혈통으로 여겨지며 힘이 세고 활을 잘 쏘는 등 무예에 관심이 많았다. ● (　　　)란 '나란히 흐른다', '견주어 흐른다'는 뜻이다. ● 당시 백제는 대륙백제와 한반도 백제로 나뉘어 있어 정치적으로 불안하였으며, 천재지변이 계속 이어져 민생안정에 최선을 다해야 했다. ● 신라와도 화친을 맺고 낙랑, 고구려, 말갈 등과도 전쟁을 하지 않는 등 안정책을 취하였다.

백제의 왕조실록…③

12대	● 재위 기간 : 1년 11개월 ● (　　　)의 맏아들로 강직하고 용맹스러웠으며 무술이 뛰어났다고 전해진다. ● 당시 백제 왕실은 (　　　)계와 (　　　)계 후손 간의 세력 다툼이 치열하였다.
13대	● 재위 기간 : 29년 2개월 ● (　　　)의 둘째 아들로 (　　　)을 제거한 후 왕위에 올랐다. ● 대륙 백제와 한반도의 백제를 통일하고 즉위 이후부터 상당 기간 내부 안정에 전력을 다하였다. ● 영토 확장에 힘썼으며 고구려의 (　　　)을 공격하여 (　　　)을 살해하였다. ● (　　　), (　　　)에는 사신을 보내어 화친을 맺었다.
14대	● 재위 기간 : 8년 5개월 ● (　　　)의 아들로 무예가 뛰어나고 호전적인 왕이었다. ● 적극적인 대외 정복사업을 벌였으나 나라 안에는 전염병과 가뭄이 끊이지 않았다.
15대	● 재위 기간 : 1년 7개월 ● (　　　)의 맏아들로 어머니는 (　　　)으로 전해진다. ● 인도의 승려인 (　　　)가 동진에서 건너와 (　　　)를 전해 주었다.
16대	● 재위 기간 : 7년 ● (　　　)의 둘째 아들이자 (　　　)의 동생이다. ● 침류왕의 아들인 (　　　)이 어려 대신해서 왕위에 올랐다. ● (　　　)의 공격을 받아 관미성을 빼앗겼다. ● 당시에 사냥을 나가 있던 왕은 (　　　) 세력에 의해 행궁에서 살해되었다.

백제의 왕조실록...④

17대		● 재위 기간 : 12년 10개월 ● (　　)의 맏아들로 (　　) 또는 (　　)이라고도 한다. ● (　　)을 제거하는 과정에서 (　)의 세력을 끌어들여 주변 국가로부터 비난을 받았다. ● 영토를 빼앗아간 고구려와 연합한 신라를 공격하기 위해 (　　), (　　)와 연합전선을 만들었으나 (　　)의 대대적인 공격으로 실패하여 많은 영토를 잃었다.
18대		● 재위 기간 : 14년 6개월 ● (　　)의 맏아들로 (　　)이라고도 한다. ● 태자 시절 (　　)에 의해 볼모가 되어 (　　)으로 보내졌다. ● (　　)의 사후 (　　)의 숙부 (　　)와 동생이었던 (　　), (　　) 사이에 있었던 내분이 가라 앉은 후 즉위했으며 왕권이 매우 약했다.
19대		● 재위 기간 : 7년 9개월 ● (　　)과 일본 여인인 (　　) 사이에서 태어났다. ● 16세의 나이에 즉위하였으며 (　　)과 (　　)에 의해 왕권을 농락당하였다.
20대		● 재위 기간 : 27년 9개월 ● (　　)의 둘째 아들로 용모가 수려하고 언변이 뛰어났으며 인재를 중시했다. ● (　　), (　　)와의 화친을 통해 고구려를 견제하려 하였다. ● 정변에 의해 살해되어 시신이 가매장되었다가 개로왕 대에 이르러 왕릉으로 조성되었다.
21대		● 재위 기간 : 20년 ● (　　)의 맏아들로 (　　)이라고도 불리었다. ● 즉위 초 정변 이후의 혼란으로 고심하였으며 (　　)와의 연합을 통해 (　　)를 공격하려다 실패하였다. ● (　　)과 (　　)를 좋아했던 그는 고구려의 첩자 (　　)의 간계에 빠져 국력을 쇠잔하게 하였다. ● 결국 고구려 (　　)의 급습으로 살해당하였다.

백제의 왕조실록…⑤

22대	• 재위 기간 : 2년 • (　　　)의 둘째 아들이며 (　　　)이 급사하자 수도를 (　　　)으로 옮기고 민심을 수습하였다. • 백제의 오랜 중심이었던 위례성을 잃은 직후인데다 왕권도 미약해진 때에 왕위에 올랐던 그는 병관좌평 (　　　)에 의해 암살당하였다.
23대	• 재위 기간 : 2년 2개월 • (　　　)의 맏아들로 13세에 즉위하였으며 (　　　) 또는 (　　　)이라고도 한다. • 외척이었던 (　　)씨와 (　　)씨의 대립으로 혼란기를 보냈으며 15세의 나이로 생을 마감하였다.
24대	• 재위 기간 : 22년 • (　　　)의 동생인 (　　　)의 아들로 (　　)에서 지내다 귀국하여 즉위하였다. • 즉위 이후 백제의 명성을 되찾기 위해 노력하였으며 고구려의 남진을 막기 위해 신라 이찬 (　　　)의 딸을 왕비로 맞아들이기도 했다. • 그러나 점차 포악해져 학정을 하여 백성의 원성이 높았으며 결국 (　　　)에 의해 살해되었다.
25대	• 재위 기간 : 21년 6개월 • (　　　)의 아들이자 (　　　)의 양자로 (　　　)이라고도 불린다. • (　　　)을 살해한 (　　　)를 제거하여 즉위의 명분을 확보하였다. • (　　　)와 (　　　)의 침입에 대비하며 백제의 중흥을 도모하였다.
26대	• 재위 기간 : 31년 2개월 • (　　　)의 아들로 여러 분야에 지식과 견식을 가지고 있었으며 특히 결단력이 뛰어났다. • (　　　)로 천도하고 국호를 (　　　)로 바꾸고 (　　　)와 동맹을 맺어 (　　　)를 견제하며 백제의 중흥을 꿈꾸었다. • 신라 (　　　)의 배반을 응징하기 위해 반대를 무릅쓰고 벌인 (　　　) 전투에서 전사하였다.

백제의 왕조실록…⑥

27대		● 재위 기간 : 44년 5개월 ● (　　　)의 맏아들로 아버지 때부터 정사에 깊이 관여하였다. ● (　　　)와 (　　　　)를 견제하고 공격하기 위해 (　　　), (　　)와 연합하였으나 실패하였다.
28대		● 재위 기간 : 1년 ● (　　　)의 둘째 아들이자 (　　　)의 동생으로 오랫동안 정사에 관여하였다. ● (　　　)이 병상에 있을 때 조카인 (　　)태자를 밀어내고 왕위계승권을 빼앗았으며 (　　　　) 사후 즉위하였다.
29대		● 재위 기간 : 5개월 ● (　　　)의 맏아들로 아버지의 즉위 과정에 큰 도움을 주었다. ● 쇠잔한 국력을 (　　　　)의 힘을 빌어 왕성케 할 목적으로 (　　　　)를 지었다.
30대		● 재위 기간 : 40년 10개월 ● (　　　　)의 아들로 신분을 숨기고 마장수로 살았다. ● (　　　)를 침공하고 (　　　)와 화친을 맺어 (　　　)를 공격하려는 등 대외정복사업을 활발히 전개하여 왕권 강화와 백제의 중흥을 노렸다. ● (　　　)를 완공하고 (　　　)과 (　　　)도 창건하였다.
31대		● 재위 기간 : 19년 4개월 ● (　　　)의 맏아들로 태자 때는 (　　　　)로 칭송받았다. ● 즉위 초 적극적으로 (　　　)를 공격하였으며 (　　　　)와는 화친을 맺었다. ● 백제의 마지막 왕으로 백제 멸망 후 (　　　　)로 끌려가 그 곳에서 생을 마감했다.

백제에 대하여… ①

1 다음 중 고이왕에 대한 설명으로 틀린 것은? (   )

① 백제를 괴롭히던 말갈과 낙랑을 물리쳤다.
② 율령을 반포하였다.
③ 관리들이 입는 관복을 정하였다.
④ 서울의 귀족에게 좌평이라는 관직을 내려주었다.

2 백제의 영토를 낙동강 주변과 영산강, 남해안까지 넓혔으며 고구려와의 전쟁 중 고국원왕을 살해하기도 한 왕은 누구인가?

➡

3 백제가 불교를 받아들인 것은 어느 왕 때인가?

➡

▷ 풍납토성

4 백제의 수도인 한성을 빼앗고 개로왕을 전사하게 한 고구려의 왕은 다음 중 누구인가? (   )

① 대무신왕   ② 장수왕
③ 광개토대왕   ④ 봉상왕

5 수도를 사비로 옮기고 다시 한 번 나라의 발전을 꾀했던 왕은?

➡

6 마장수 출신으로 신라의 선화공주와 결혼한 왕은?

➡

▷ 공주 무령왕릉

백제에 대하여… ② **Q&A**

1 백제 귀족회의의 명칭은?
→ (   )회의

2 백제의 관등은?
→ 6명의 (   ) 아래 (   )개의 관등이 있었다.

3 백제는 전국을 몇 개로 나누어 다스렸나?
→ (   )방으로 나누어 다스렸으며, 지방의 중요한 스물두 곳에 (   )를 설치하여 왕족을 보내어 다스렸다.

4 백제의 교육제도는?
→ (   )제도를 두어 사람들을 가르치게 하였다.

5 백제 문화의 특징은?
→ (   )하고 (   )되며
 (   )적이다.

6 백제를 대표하는 문화재에 대해 알아보자.
① (   )
→ 위례성의 남쪽 부분으로 추정되는 유적지
② (   )
→ 백제의 왕세자가 왜왕에게 하사한 것으로 7개의 가지 모양으로 만들어진 칼
③ (   )
→ 무왕 때 만들어진 인공 연못
④ (   )
→ 고흥에 의해 쓰여진 최초의 백제 역사책
⑤ (   )
→ '백제의 미소'라고 불려질 만큼 온화한 표정이 특징이다.
⑥ (   )
→ 불교와 도교의 상징물을 모두 담고 있다.

> 몽촌토성 출토 세발토기

> 궁남지

백제의 기와와 벽돌

1 백제의 기와

① 백제 기와의 종류
- 쓰임새에 따라 암·수막새, 암·수키와, 서까래기와, 도깨비기와, 치미 등으로 구분된다.

② 기와에 나타난 문양
- 연꽃무늬, 파형무늬, 당초무늬, 민무늬 등으로 매우 다양한 모습을 보이는데, 그 가운데 연꽃무늬가 대부분을 차지하고 있다.
- 기와에 문양이 보이는 연꽃무늬의 특징은 꽃잎이 넓고 부드러우며 또한 그 끝단을 위로 향하도록 살짝 반전시키는 등 매우 사실적인 느낌을 준다.

③ 백제 기와의 발달
- 초기에는 낙랑과 고구려로부터 영향을 받았다.
- 웅진시대 이후에는 부드럽고 세련된 형태로 발전하였다
- 이러한 백제의 기와는 신라와 일본 기와에까지 많은 영향을 주었다.

2 백제의 벽돌

- 벽돌은 용도에 따라 무덤벽돌과 탑벽돌 등으로 구분된다.
- 형태에 따라서는 방형벽돌, 삼각벽돌, 능형벽돌, 이형벽돌로 구분된다.
- 문양의 유무에 따라 민무늬벽돌과 무늬벽돌로 나뉘기도 하며, 글씨가 새겨진 명문벽돌도 있다.

≫ 산경치와 봉황무늬 벽돌

≫ 연꽃 도깨비무늬 벽돌

≫ 반용무늬 벽돌

백제의 고분

1	돌무지무덤	● 냇돌이나 산돌을 쌓아 만든 피라미드 모양의 네모 무덤 ➡ 한강유역에서만 보이는 형식인데 집안이나 독로강 유역의 고구려 돌무지무덤과 통한다. ➡ 백제 초기의 지배층의 무덤으로 보이며 그 예로써 석촌동 3,4호 무덤이 있다.
2	널무덤	● 원삼국시대의 널무덤 전통을 이은 것 ➡ 백제시대에는 전 지역에서 발견된다. ➡ 일반적으로 땅 밑에 긴 네모꼴의 구덩이를 파고 주검을 직접 묻거나 널, 덧널을 사용하였다.
3	돌덧널무덤	● 긴 네모꼴의 구덩이를 파서 돌덩이나 깬 돌과 네 벽을 쌓고 그 위에 몇 개의 뚜껑돌을 덮은 것 ➡ 천정을 좁히기 위하여 벽 위에 굄돌을 얹거나 벽을 오므린 것이 많다.
4	돌방무덤	● 백제고분의 주류로서 백제 전 지역에 분포하고 있다. ➡ 땅 위에 깬 돌이나 판 돌로 돌방을 만들고 흙으로 덮은 무덤이다.
5	벽돌무덤	● 벽돌을 쌓아 만든 긴 네모꼴의 터널식 널방무덤 ➡ 중국 남조로부터 받아들인 묘제로서 주로 공주에서 발견되어 왔다. ➡ 송산리 6호 무덤과 무령왕릉이 유명하다.
6	독무덤	● 재래식 묘제를 계승한 전통 묘제의 하나 ➡ 서울, 공주, 부여, 영산강 유역 등 전 지역에서 발견되고 있다.
7	화장묘	● 불교의 영향을 강하게 받은 무덤 형식 ➡ 백제 후기의 부여 지방에서 유행했다. ➡ 풍화 암반에 둥근 구덩이를 파고 그 바닥에 다시 작은 구멍을 파서 화장한 뼈를 담은 단지를 넣고 납작한 돌이나 기와, 벽돌 등으로 덮은 것이 특징이다.
8	백제의 벽화무덤	● 백제의 무덤 중 벽화가 그려진 것은 공주 송산리 6호분과 부여 능산리 1호분(동하총이라고 부르기도 함)이다. ➡ 두 무덤 모두 사신의 그림이 그려져 있다. ➡ 백제의 벽화무덤은 사신 그림이 그려진 점과 벽화를 그리는 기법 등으로 보아 중국보다는 고구려 후기의 벽화무덤과 깊은 관련이 있는 것으로 보인다.

백제의 불상과 탑

1 서산 (　　　　　　) - 국보 제84호

➤ 서산 운산면 가야산 계곡에 위치하며 부조 형태로 조각된 불상이다.
➤ 바위에 새긴 불상을 (　　　　)이라 한다.
➤ 가운데에는 부처가 있고 양쪽에는 보살이 있으며, 부처 왼쪽의 보살은 한쪽 다리를 다른 쪽 무릎 위에 포개고 앉은 모양으로 반가상으로 분류되기도 한다.
➤ (　　　)에 따라 달라지는 오묘한 표정과 백제 불상 특유의 온화함으로 인해 (　　　　)라는 별명을 가지고 있다.

≫ 서산 마애삼존불

2 (　　　　　　)지 5층 석탑 - 국보 제9호

➤ (　　　　)지 석탑과 함께 (　　　　) 양식으로 만들어진 석탑이다.
➤ 단아하면서도 정제된 아름다운 자태와 빼어난 비례감각으로 백제 석탑의 완성도를 한층 높여준 탑으로 꼽힌다.

≫ 정림사지 5층 석탑

3 (　　　　　　)지 석탑 - 국보 제11호

➤ (　　　　)의 형식을 그대로 본 따 만들었으며 우리나라에 남아 있는 석탑 가운데 가장 오래 되었으며 또 가장 큰 탑이기도 하다.
➤ 남아 있는 크기나 모양으로 보아 원래는 9층이었던 것으로 추측된다. 지금은 탑의 한쪽이 떨어져 나가고 6층까지만 남아 있는 데다가 일제 강점기에 탑을 보수한다며 시멘트를 발라 탑의 모양이 많이 훼손되었다.

≫ 익산 미륵사지 석탑

백제의 가요

백제 시대에도 가요가 있었다.

그러나 현재까지 가사가 전해지는 것은 '서동요'와 '정읍사' 뿐이다.

이 밖에 〈고려사〉 '악지'에 곡명과 유래만 전해지는 백제의 구전가요 '무등산가', '방등산곡', '선운산가', '지리산가' 등이 있는데, 모두 산의 이름을 붙여 노래의 제목으로 삼은 것이 특징이다.

'정읍사'는 백제 후기 정읍 북쪽 10여 리 되는 지점에 살았던 한 여인이 지은 것으로, 한글로 표기되어 전해지는 가요 중 가장 오래 된 작품이다.

'정읍사'의 내력은 다음과 같다.

남편이 행상을 떠나 오래도록 돌아오지 않자 아내는 산 위 바위에 올라가 남편이 있을 먼 곳을 바라보면서 노래를 불렀다. 남편이 밤길에 오다가 해나 입지 않을까 염려되어서였다. 그러다 그만 아내는 남편을 기다리던 언덕에서 망부석(돌)이 되었다고 한다.

정읍사

달이여 높이 좀 돋으시어

아! 멀리 좀 비치옵소서

어긔야 어강됴리

아으 다롱디리

시장에 가 계신가요

아! 진 곳을 디딜까 두려워라

어긔야 어강됴리

어느 곳에든 놓고 오십시오

아! 내 님 가는 그 길 저물까

두려워라

어긔야 어강됴리

아으 다롱디리

백제의 금동대향로

☀ 1 태평성대를 알리는 새

- ▶ 봉황일까, 닭일까 : 턱과 발 밑에 있는 알은 백제 왕가의 난생설화를 상징한다.
- ▶ 다섯 마리의 작은 원앙은 백제의 5부 백성을 의미한다.
- ▶ 큰 새와 작은 새는 백제의 왕과 백성의 관계를 뜻한다고 할 수 있다.

☀ 2 뚜껑 : 백제인의 이상세계

- ▶ 향로의 뚜껑은 그 자체가 백제인의 이상 세계인 큰 산으로 이 산속에 여러 봉우리들이 솟아 있다.
- ▶ 이것은 도교사상과 관계가 있다.

☀ 3 몸통 : 만물의 어머니 '연꽃'

- ▶ 연꽃은 불교사상과 관련이 깊다.

☀ 4 받침

- ▶ 생명의 근원인 바다를 상징하는 용
- ▶ 용의 몸에 새긴 연꽃 당초 무늬는 용과 연꽃의 일체성을 표현한 것

> 금동대향로

참고

백제 금동대향로

- 청동으로 만들고 표면에 금을 입혔다.
- 받침을 이루는 용과 향을 담는 연꽃이 몸통이고, 산과 새가 뚜껑이며, 12개의 연기 구멍이 있다.
- 전체 높이 64cm, 무게 11.8kg

금동대향로 X-File

1 하늘에서 들려오는 음악소리

- 금동대향로는 바로 제사를 받들 때 향을 피우는 도구였을 것이다.
- 소녀 악사들이 들고 있는 악기 가운데 퉁소, 북, 거문고는 〈수서〉동이전 백제조에 보이는 백제의 전통악기이다.

2 하늘과 인간을 이어주는 산

- 산은 모두 5단이고, 각 단에 5봉우리가 있으니 모두 25봉우리이다.
- 큰 산과 연결되는 작은 봉우리는 모두 49봉우리이다.
- 고대부터 산은 하늘과 교통하는 곳, 신이 사는 곳으로 여겨 숭배의 대상이며 별천지였다.
- 능선 테두리를 빗금으로 처리한 것은 신령스러운 기운을 보여 주기 위해서이다.
- 산의 옆모습을 보여주는 것은 사물을 보다 생동감 있고 뚜렷하게 나타내준다.

3 이상세계의 주민들

- 뚜껑에 17명, 몸통의 연꽃에 2명 있다.
- 그들의 동작이나 표정은 세속을 떠난 분위기를 연출한다.
- 이들의 모습은 당시 백제인의 생활 풍속을 엿보게 해준다.

4 이상세계의 동식물원

- 금동대향로에는 용과 봉황을 비롯한 동물들이 모두 84마리 있다.
- 뚜껑에 56마리, 몸통에 26마리가 있고, 꼭대기에 새, 대좌에 용이 도사리고 있다.
- 이들은 모두 상서롭고 길한 존재로 신선의 동반자나 추종자로 보인다.
- 대향로에 보이는 사람얼굴을 한 새는 천년을 산다는 주인공으로 장수를 상징한다.

칠지도에 대하여

1 지금 일본의 덴리시 이소노카미 신궁에 신물로 보존되고 있다.

→ 가운데의 가지를 두고 양쪽으로 세 가지씩 뻗어 있어 칠지도라고 불린다.

2 칠지도에는 칼 몸체의 앞뒷면에 모두 61자가 새겨져 있다.

→ 앞면의 내용- '태화4년 9월 16일에 무쇠를 100번이나 두드려서 칠지도를 만들다.
　이 칼은 100가지 병(재앙)을 물리칠 수 있는 것으로 제후국의 왕들에게 나누어 줌이 마땅하다.'

→ 뒷면의 내용- '지금까지 아무도 이런 칼을 지닌 자가 없었는데 백제의 왕세자인 기생성음이 왜왕 '지'를 위하여 만들었으니 후손에게 길이 전하도록 하라.'고 씌어 있다.

3 역사적 가치

→ 여기에 씌어 있는 제후국의 왕은 물론 왜국의 왕을 가리킨다고 보아야 할 것이다.

→ 뒷면의 왜왕의 이름을 쓴 것을 보아도 왜국이 백제보다 아래였음을 알 수 있다.

→ 당시의 기술로 보아 왜국에서는 칠지도 같은 칼을 만들 수 있을 만큼 철 제련술이 발달하지 못했다.

≫ 칠지도

일본 속의 백제문화

- **1** 일본에 철기 문명과 대륙의 문화와 불교를 전해 주었던 것이 우리나라였다.
- **2** 근초고왕 2년에 최초의 사절이 백제를 방문했다고 한다.
  - 이들을 맞은 백제의 왕은 5색 비단과 뼈로 만든 활과 화살, 철전 등을 주었다고 한다.
- **3** 일본에 생활 문화를 심어 준 사람들
  - 왕인박사 등 많은 학자들을 보내어 학문을 가르쳤으며 대장장이인 탁소, 옷감 짜는 기술자 서소, 술 담그는 기술자 인번, 옷 짓는 공녀 진모진 등이 있다.
- **4** 선진문화국인 백제의 도움을 받아 일본은 6세기 중반에서 7세기 중반에 걸쳐 일본 문화의 황금기의 하나인 아스카 문화를 꽃피웠던 것이다.
  - 일본에 금동 석가불과 불경을 전해 주었다.
  - 그 후 일본에는 사원 건축 붐이 일어서 백제의 기공들이 많이 건너가 사원건축을 도와 주었다.
  - 당시에는 한반도에서 만든 불상들을 배로 실어다 안치했기 때문에 일본의 절에는 아직도 백제인이 만든 불상들이 많이 남아 있다.
- **5** 삼국통일 이후에는 백제의 유민들이 많이 건너가 일명 백제촌을 이루기도 했으며 지금도 일본에서는 백제사라고 불리는 절이 5개나 있다고 한다.
- **6** 일본에 있는 대표적인 백제문화
  - 나라현에 있는 백제 목조관음상
  - 담징의 벽화로 유명한 호류사
  - 백제인의 지혜와 땀이 배어 있는 일본 최고이자 최대의 목조건물 동대사
  - 아직기가 일본인들에게 조경술을 가르쳐 주기 위해 세웠다는 아직기 신사의 정원

마루에 대하여

1 마루는 삼국시대 초기 백제 지방에서 처음 만들었다.

➤ 백제는 여름이 덥고 긴 남쪽 지방에 자리잡고 있었기 때문이다.

2 그 무렵 백제 사람들은 대개 움집에서 살았다.

➤ 여름만 되면 바닥에서 습기가 올라와 갖가지 질병을 일으켰다.

➤ 이 무서운 습기를 피하기 위해 백제 사람들은 땅에서 뚝 떨어진 곳에 원두막 모양의 집을 짓고 그 곳에서 여름을 났다.

3 고려시대가 되자 우리 조상들은 이 원두막식 집을 집 안으로 들여와 마루를 만들었다.

➤ 그 후 마루는 북쪽 지방으로 점점 퍼져 나가 온돌과 더불어 한옥의 고유 공간으로 자리잡게 되었다.

4 마룻바닥에는 왜 틈이 있을까?

➤ 마루에서는 마룻바닥을 중심으로 서로 다른 두 개의 공기층이 형성된다.

➤ 마룻바닥 위쪽은 빛이 들어 기온이 높고
마룻바닥 아래쪽은 그늘이 져 기온이 낮다.

➤ 바로 이 기온 차이 때문에 마루에서는 언제나
마룻바닥 밑에서 위로 바람이 분다.
(차가운 공기는 따뜻한 공기가 있는 쪽으로 움직이는 성질이 있다.)

➤ 마룻바닥의 틈은 이때 차가운 공기가 위로 올라오는 통로이다.

김치와 단무지

- **1** 삼국시대의 김치는 무, 부추, 마늘 등을 소금에 절인 것이었다.

- **2** 곡식으로 술을 빚어, 술을 걸러내 술 냄새나는 곡식 찌꺼기가 남는데 이것을 '술지게미'라고 한다.

  ▶ 술지게미에 소금을 넣어 야채를 절이기도 했다. 이러한 것은 김치보다는 장아찌에 더 가깝다.

- **3** 일본의 단무지는 백제 사람 '수수허리'가 일본에 전해 준 것으로 확인되었다.

  ▶ '수수허리'는 일본에 건너가 누룩으로 술을 빚는 기술을 전한 것으로 유명하다.

  ▶ '수수허리'는 술뿐 아니라 김치 담그는 법도 가르쳐 주었다. 술을 만드는데 쓰였던 곡식 찌꺼기를 야채와 함께 버무려 발효시킨 것이다.

  ▶ 그 흔적은 일본의 옛 절임 음식의 이름에 남아 있다. '수수허리지'라는 것이 바로 그것이다.

  ▶ '수수허리지'는 야채, 순무 등의 재료를 곡류와 함께 소금에 절인 것이라고 한다.

  ▶ 오늘날 일본의 단무지는 무를 쌀겨와 소금에 절여서 만들고 있으니 바로 '수수허리지'를 담그는 방법을 그대로 계승하고 있는 셈이다.

왜국의 스승 '왕인박사'

≫ 왕인박사 영정

≫ 왕인박사 묘

≫ 왕인박사 유적지

1 당시 백제의 왕은 누구였나?

➡ 근초고왕의 아들인 제14대 근구수왕

2 왜국의 왕이 사신을 보내어 학자를 보내 달라고 청하자 왕인에게 왜국으로 가도록 명하였다.

3 왜국을 향해 떠나려는 왕인에게 근구수왕이 가져 가라고 한 두 가지 책은?

➡ 〈논어〉 : 공자와 그의 제자들의 말과 행동에 대해 적은 유교 경전

➡ 〈천자문〉 : 기초 한자를 적은 책

4 아직기를 대신하여 왜국 태자의 스승이 된 왕인박사

➡ 오진왕의 부탁으로 왜국의 군사들에게도 학문을 가르치기 시작했다.

➡ 그의 자손들은 대대로 가와치에 살면서 기록을 맡은 '사' 로서 일본 고대 문화 발전에 많은 도움을 주었다.

진정한 충신 '성충' Q&A

❋ **1** 의자왕은 후궁이 몇 명이나 되었나?

➡ (　　　)명

❋ **2** 의자왕이 후궁들과 함께 즐기기 위해 지은 것으로 바다가 보인다는 뜻의 이름이 붙여진 것은?

➡ (　　　　　)

❋ **3** 의자왕의 실정을 보고 목숨을 걸고 충언을 했던 인물은?

➡ (　　　　　)

❋ **4** 성충의 동생으로 의자왕 즉위 초 함께 신라를 쳐서 대야성을 공격했던 장군은?

➡ (　　　　　)

❋ **5** 성충이 죽기 전 왕에게 쓴 편지에서 전쟁이 날 경우 반드시 막아야 한다고 알려 주었던 곳은?

➡ 육로로 쳐들어올 경우는 (　　　　　), 수로로 쳐들어올 경우는 (　　　　　)

* 성충이 의자왕에게 쓴 편지 *

충신은 죽어서도 임금을 잊지 않는 법입니다.
죽으면서 올리는 글이니 대왕께서는 부디 이 글대로 행해 주시기 바랍니다.
신이 세상의 변화를 살펴보니, 곧 전쟁이 있을 듯합니다. 무릇 전투를 할 때는 그 지점을
잘 골라야 하는데, 강의 상류를 차지하여 적을 맞이하면 이길 수 있습니다.
만약 다른 나라 군사가 육로로 쳐들어 오면 탄현을 넘지 못하게 하고,
수군은 기벌포에 들어오지 못하게 하옵소서. 반드시 그 험한 곳에서 적을 막아야 합니다.

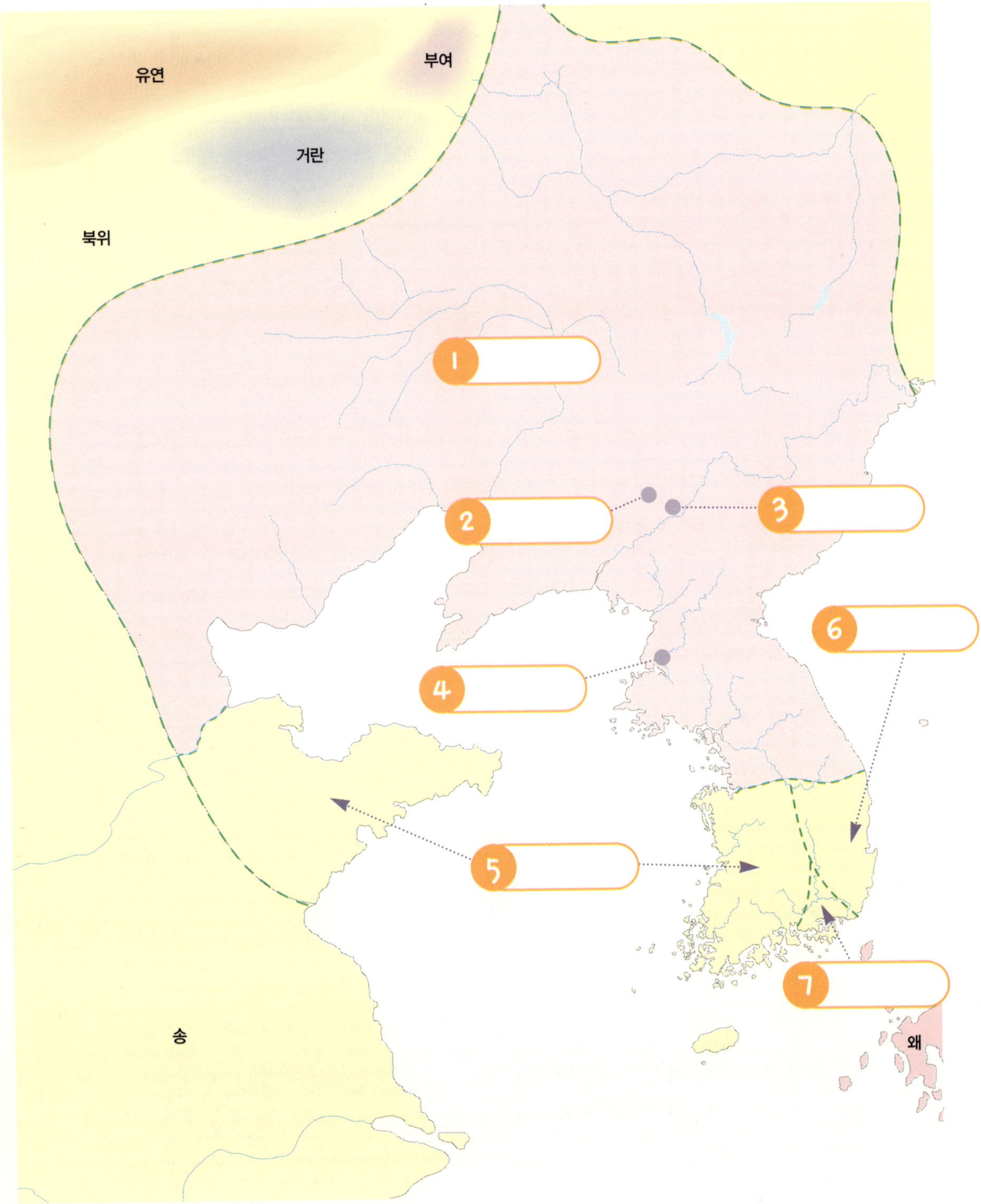

고구려의 전성시대

유연 부여
거란
북위

1
2 3
4
6
5
송
7
왜

38 한국사여행 I

고구려의 수도 변천

1 (　　　　　)시대

- 수도였던 기간 : BC37년~AD3년
- 도읍의 위치는 현재 중국의 쑤이펀강의 남서 지역으로 추측되고 있다.
- 이 시기의 고구려는 다섯 개 부족의 연맹체로서의 성격이 강했다.

2 (　　　　　)시대

> 국내성

- 수도였던 기간 : AD3년~427년
- 도읍의 위치는 압록강 북쪽의 만주 지안현(퉁거우) 지역으로 추정되고 있는데 이외에도 여러 가지 설이 있다.
- 고구려의 제2대 왕이었던 (　　　　) 때 도읍을 옮기게 되었으며, 이 시기의 고구려는 요동 지역뿐만 아니라 옥저, 동예를 정복하는 등 적극적으로 영토를 확장하였으며 문화의 교류 역시 폭넓게 이루어졌다.

3 (　　　　　)시대

- 수도였던 기간 : AD427년~668년
- 도읍의 위치는 현재 북한의 평양으로 알려져 있다.
- 고구려의 제20대 왕이었던 (　　　　　) 때 도읍을 옮기게 되었으나 실제적으로 그의 아버지였던 제19대왕 (　　　　　) 때부터 천도를 준비하였던 것으로 보여진다.
- 이 시기의 고구려는 중국의 남북조와 교류하면서 한반도 남쪽으로의 진출을 적극적으로 추진하였다.
- 또한 평양은 고조선시대의 문화가 남겨져 있던 지역이었기 때문에 고구려의 문화는 보다 독자적인 체계를 갖게 된다.
- (　　　　) : 현재 평양시 대성산 남쪽 기슭에 남아 있으며, 한 변의 길이가 622m 정도이고 둘레는 2,488m에 달하는 큰 규모의 궁성이다.

고구려의 건국 Q&A

1 고구려의 건국 시조인 '주몽'에 대해 알아보자.

① 주몽의 아버지는 (   )이고 어머니는 (   )부인이다.

② 주몽이란 이름의 뜻은?

➡

2 주몽을 돌보아 주었던 동부여의 왕은?

➡ (   )

≫ 삼족오

3 주몽이 부여에서 도망칠 때 함께 했던 친구 세 명의 이름은?

① (   )   ② (   )   ③ (   )

4 주몽이 나라를 세운 곳은?

➡ (   )

5 '고구려'라는 국호의 뜻은?

➡

※ '구려'란 고을, 언덕을 뜻하는 우리말이다.

6 주몽의 세 아들의 이름은?

① (   )   ② (   )   ③ (   )

※ 이중 첫째 아들은 예씨 부인 소생이고, 둘째 아들과 셋째 아들은 (   )라는 여인의 소생이다.

고구려의 왕조 계보도

- 1 동명성왕
- 2 유리왕
- 3 대무신왕
- 4 민중왕
- 재사
- 5 모본왕
- 6 태조왕
- 7 차대왕
- 8 신대왕
- 13 서천왕
- 12 중천왕
- 11 동천왕
- 10 산상왕
- 9 고국천왕
- 돌고
- 14 봉상왕
- 15 미천왕
- 16 고국원왕
- 18 고국양왕
- 17 소수림왕
- 19 광개토대왕
- 20 장수왕
- 조다
- 23 안원왕
- 26 영양왕
- 21 문자명왕
- 24 양원왕
- 27 영류왕
- 22 안장왕
- 25 평원왕
- 태양
- 28 보장왕

한국사 여행 I 41

고구려의 왕조실록…①

1대	● 재위 기간 : 18년 ● 이름은 (　　　　), (　　　　)이란 묘호는 '동방을 밝힌 성스러운 임금'이란 뜻이다. ● 즉위 후 비류국과 해인국, 북옥저를 정복하였다.
2대	● 재위 기간 : 36년 1개월 ● (　　　　)의 맏아들로 (　　　　)에서 태어났다. ● 즉위 11년 (　　　　) 정벌을 시작으로 영토확장 정책을 적극적으로 시행하였다. ● 수도를 (　　　)에서 (　　　)으로 옮기었다.
3대	● 재위 기간 : 26년 ● (　　　　)의 셋째 아들로 이름은 (　　　　)이다. ● (　　　)와 (　　　)을 병합하고 한의 (　　　)에게 사신을 파견하여 국제무대에서 인정받게 하였다.
4대	● 재위 기간 : 4년 ● (　　　)의 다섯째 아들로 이름은 (　　　)이다. ● (　　　)의 사후 태자 (　　　)가 아직 어려 대신하여 즉위하였는데 이것은 고구려 최초의 (　　　)이 되었다. ● 짧은 재위 기간 동안 그는 끊이지 않는 천재지변과 돌아선 민심 때문에 힘든 시기를 보냈다.
5대	● 재위 기간 : 5년 ● (　　　　)의 맏아들로 이름은 (　　　)이다. ● 폭정을 하여 시종인 (　　　)에 의해 살해당했다.

고구려의 왕조실록… ②

6대		● 재위 기간 : 93년 1개월 ● (　　　)의 여섯째 아들인 (　　　)의 아들로 이름은 (　　)이며 7세에 왕위에 올랐다. ● 각 부를 연맹체 수준으로 통합하고 한의 (　　　)을 정벌하였다. ● 고구려의 실질적인 건국자로 불려졌다.
7대		● 재위 기간 : 18년 10개월 ● (　　　)의 동생으로 이름은 (　　　)이다. ● 조카였던 (　　　)과 정치적 반대파였던 (　　　)을 주살하는 등 폭정으로 (　　　)에 의해 살해되었다.
8대		● 재위 기간 : 14년 2개월 ● (　　　)과 (　　　)의 동생으로 이름은 (　　　)이다. ● (　　　)의 쿠데타 성공으로 즉위하였으며, 재위 기간 동안 그를 국상으로 등용하였다.
9대		● 재위 기간 : 17년 5개월 ● (　　　)의 둘째 아들로 이름은 (　　　)이다. ● 명재상 (　　　)의 도움으로 정사를 펼쳤으며 빈민 구제책으로 (　　　)을 시행하였다.
10대		● 재위 기간 : 30년 ● (　　　)의 넷째 아들이자 (　　　)의 동생으로 이름은 (　　　)이다. ● (　　　)에 의해 (　　　)의 부인이었던 (　　)씨 부인을 왕비로 맞았다.

고구려의 왕조실록…③

11대		● 재위 기간 : 21년 4개월 ● (　　　)의 맏아들로 이름은 (　　　)이다. ● 덕망이 높아 신하와 백성들로부터 많은 지지를 받았다. ● (　　　)정책과 (　　　)정책을 병행하여 영토를 확장하였다.
12대		● 재위 기간 : 22년 1개월 ● (　　　)의 맏아들로 이름은 (　　　)이다. ● 즉위 초에 일어난 동생들의 반란을 왕비족인 (　　　) 에서 진압함으로써 이후 외척에 의해 정사가 이루어졌다.
13대		● 재위 기간 : 21년 5개월 ● (　　　)의 둘째 아들로 이름은 (　　　)이다. ● 기근으로 굶주린 백성들에게 나라의 창고를 열어 구제하였고 (　　　)을 정벌하였다.
14대		● 재위 기간 : 8년 6개월 ● (　　　)의 아들로 (　　　)이라고도 하며 이름은 (　　　)이다. ● 즉위 초 숙부 (　　　)를 죽이고 동생 (　　　)를 모함하여 자결하게 하는 등 폭정을 일삼았으며 결국 국상 (　　　)가 일으킨 반란으로 인해 자결하였다.
15대		● 재위 기간 : 30년 5개월 ● (　　　)의 둘째 아들 (　　　)의 아들로 이름은 (　　　) 또는 (　　　)이다. ● (　　　)에 의해 즉위하게 된 그는 즉위 초 민심안정에 적극적으로 나섰다. ● 고구려의 영토를 (　　　)과 (　　　)까지 확장하였다.

44 한국사여행 Ⅰ

고구려의 왕조실록…④

16대		● 재위 기간 : 40년 8개월 ● (　　　)의 맏아들로 이름은 (　　　)이다. ● 대륙 진출의 관문인 (　　　) 지역을 놓고 (　　　) 나라와 치열한 투쟁을 벌였고 백제 (　　　)의 (　　　) 침입을 맞아 싸우다 전사하였다.
17대		● 재위 기간 : 13년 1개월 ● (　　　)의 맏아들로 이름은 (　　　)이다. ● 전진에서 온 승려 (　　　)와 (　　　)를 통해 (　　　)를 받아들여 공인하였고 (　　　)을 반포하였으며 유교 교육기관인 (　　　)을 설립하였다.
18대		● 재위 기간 : 7년 ● (　　　)의 동생으로 이름은 (　　　) 또는 (　　　)이다. ● (　　　), (　　　)와 전쟁을 벌였다.
19대		● 재위 기간 : 22년 ● (　　　)의 아들로 이름은 (　　　) 또는 (　　　) ● 정식 묘호 : 국강상광개토경평안호태왕 ● 고구려의 영토를 북쪽으로는 만주의 (　　　), 남쪽으로는 (　　　)유역, 동쪽으로는 러시아의 (　　　), 서쪽으로는 (　　　)로까지 확장하였다.

한국사여행 Ⅰ **45**

고구려의 왕조실록…⑤

20대	● 재위 기간 : 78년 2개월 ● (　　　　)의 맏아들로 이름은 (　　　　)이다. ● (　　　　)으로 천도하여 (　　　　) 정책을 시행하였으며 백제의 (　　　　)을 죽이고 (　　　　)을 차지하였다.
21대	● 재위 기간 : 28년 ● (　　　)의 손자로 아버지는 (　　　　)이며 이름은 (　　　), (　　　　)이라고도 불린다. ● (　　　　)를 장려했고 (　　　　)와 (　　　　)나라 사이에서 중립외교를 펼쳤으며 (　　　)동맹을 막아냈다.
22대	● 재위 기간 : 12년 ● (　　　)의 맏아들로 이름은 (　　　　)이다. ● 백제와의 전쟁을 통해 (　　　　)산맥 이북 지역까지 점령하였다.
23대	● 재위 기간 : 13년 10개월 ● (　　　　)의 둘째 아들이자 (　　　　)의 동생으로 이름은 (　　　　)이다. ● (　　　　)에서 갈라져 나온 (　　　　)와 (　　　　) 사이에서 중립외교를 통해 체제의 안정을 도모하였다. ● 잦은 천재지변과 재위 말년 아들들의 왕위 계승권 다툼으로 고심해야 했다.

고구려의 왕조실록…⑥

24대	● 재위 기간 : 14년 ● (　　　)의 맏아들로 이름은 (　　　)이다. ● 불안한 왕권을 바탕으로 (　　) 그리고 (　　)· (　　)·(　　) 의 연합군과 전쟁을 치러야 했다.
25대	● 재위 기간 : 31년 7개월 ● (　　) 의 맏아들로 이름은 (　　) 또는 (　　) 이다. ● (　　), (　　), (　　) 이라고도 불린다. ● 국력이 많이 위축된 상황에서 즉위한 그는 화친정책을 통해 안정을 꾀하였다.
26대	● 재위 기간 : 27년 11개월 ● (　　) 의 맏아들로 이름은 (　　) 이다. ● (　　) 과 (　　) 을 끌어들여 (　　)나라와 전쟁을 치러냈다.
27대	● 재위 기간 : 24년 1개월 ● (　　　) 의 둘째 아들이자 (　　　) 의 이복 동생으로 이름은 (　　)이다. ● (　　　) 이 일으킨 정변으로 인해 살해당하였다.
28대	● 재위 기간 : 25년 11개월 ● (　　　) 의 동생인 (　　　) 의 아들로 이름은 (　　) 또는 (　　) 이다. ● (　　)나라와 (　　) 전투를 치러냈다. ● 고구려 멸망 후 요동에 머물렀으며 고구려 재건을 위해 군사 를 일으키려 하다 발각되어 앙주로 유배되었다가 그 곳에서 사망하였다.

고구려에 대하여… ① Q&A

1 유리명왕이 지은 우리나라 최초의 서정시는?
➡ (   )

2 고구려의 실질적인 건국자로 불릴 만큼 나라의 기틀을 다잡은 왕이자 고구려 왕조에서 가장 오랫동안 재위한 왕은?
➡ (   )

3 소금장수 출신으로 왕이 된 인물은?
➡ (   )

4 백제 근초고왕의 평양성 공격에 맞서 싸우다 전사한 왕은?
➡ (   )

5 다음 중 소수림왕의 업적이 아닌 것은? (   )

① 불교를 공인하였다.   ② 율령을 반포하였다.
③ 진대법을 실시하였다.   ④ 유교 교육기관인 태학을 설립하였다.

6 고구려의 영토 확장에 크게 기여한 두 왕은?
① (   )   ② (   )

7 다음의 나라들과 전쟁을 치러 낸 왕들을 적어보자.
① 수나라 → (   )   ② 당나라 → (   )

8 고구려의 마지막 왕은?
➡ (   )

고구려에 대하여…② Q&A

1 고구려 귀족회의의 명칭은?
➡ (　　　)회의

2 고구려의 관등은?
➡ (　　) 개의 관등이 있었다.

3 고구려는 전국을 몇 개로 나누어 다스렸나?
➡ (　　)부로 나누어 (　　　　)이라는 지방관을 보내어 다스렸다.

> 연가7년명금동여래입상

4 고구려의 교육제도는?
➡ (　　　　　) 때 수도에는 (　　　　), 지방에는 (　　　　)을 세웠다.

5 고구려 문화의 특징은?
➡ (　　　　)하고 (　　　)이 느껴지며 (　　　　)가 있다.

6 고구려를 대표하는 문화재에 대해 알아보자.

① (　　　　　　)
➡ 광개토대왕의 아들인 장수왕 때 세워진 비석

② (　　　　　　　)
➡ 1963년 7월 경상남도 의령군 대의면 하촌리에서 발견된 것으로 고구려의 대표적인 불상이다.

③ (　　　　　)
➡ 고구려 수도이었던 지안현에 위치한 일명 동방의 피라미드라고 불려지는 고구려 대표 고분이다.

④ 강서대묘의 (　　　　　)
➡ 동쪽에는 청룡, 서쪽에는 백호, 남쪽에는 주작, 북쪽에는 현무가 그려져 있다.

한국사여행 I 49

고구려의 산성

1 (　　　　　)

→ 중국 요령성 환인시에 위치한 산성
→ 동남쪽에는 압록강의 지류인 혼강이 흘러 들어간다.
→ 밑 부분부터 첫 부분까지 15단이며 높이는 6m 정도이다.

≫ 오녀산성

2 (　　　　　)

→ 고구려의 두 번째 수도인 국내성을 방어하기 위해 쌓은 산성
→ 중국 지안성에 있는 해발 676m인 환도산에 위치한 산성이다.
→ 본래 위나암성으로 부르다가 성의 모양이 둥글다고 하여 환도성으로 불리게 되었다.

3 (　　　　　)

→ 평양시 대성단에 있는 산성으로 4세기 말부터 5세기 초에 평양 지역을 방어할 목적으로 쌓은 성이다.
→ 평양 천도 이후 안학궁을 지키는 역할을 담당했다.
→ 둘레가 7,076m이고 남문 부근의 이중 성벽과 서문 부근의 삼중 성벽까지 합치면 성벽의 총 길이가 9,284m에 달한다.

4 고구려의 산성과 (　　　　)

→ 고구려는 성을 쌓을 때 반드시 두 개의 성을 쌓았다.
　하나는 평지에 쌓아 평상시에 생활터전으로 삼고, 다른 하나는 물이 있는 높은 산에 쌓아 전쟁 시에 사용하였다.
→ 이로 인해 고구려는 (　　　　　) 전술을 통해 효율적으로 전쟁을 치러낼 수 있었다.
→ 또한 성을 쌓을 때는 반드시 성 앞에 넓고 깊은 개울을 파서 물을 흐르게 하여 (　　　　)를 만들었는데, 이는 적군이 쉽게 성 가까이 오지 못하도록 하기 위해서였다.

고구려의 고분 Q&A

1 고구려의 대표적인 무덤의 양식은?
- 돌무지무덤, 즉 (   )

2 '장군총'의 특징은?
- 단을 쌓아올려 만든 기단식 무덤으로 동양 최대의 피라미드로 알려져 있다.

3 '돌방무덤'을 만들기 시작한 시기는?
- 장수왕 때 수도를 평양으로 옮길 즈음부터 만들어졌다.
- '돌방무덤'이란 방을 만든 뒤 밖으로 통하는 길을 만들고 흙으로 덮어씌운 것이다.

4 고분의 명칭
- (   ) : 고대인의 무덤
- (   ) : 무덤의 크기가 비교적 작고 무덤에 묻힌 사람이 왕이 아닐 경우에 주인의 이름을 따서 '~의 묘'라고 한다.
- (   ) : 비교적 크기가 큰 묘이면서 주인을 알 수 없는 경우
- (   ) : 묻힌 사람의 신분이 왕으로 밝혀진 무덤

≫ 장군총

무용총과 각저총

1 무용총(춤무덤)

- 중국 지린성 지안현에 위치
- 인물 풍속도를 그린 두 칸 무덤으로 돌로 쌓은 무덤칸은 안길, 좌우의 방에 달린 앞칸 사이길, 안칸으로 이루어졌다.
- 천장에는 해, 달, 별, 청룡, 백호, 비천, 신선, 기린, 구름무늬, 연꽃무늬가 그려져 있다.
- 무용도는 현악기와 가창자들의 반주에 맞춰 남녀 무용수 7명이 긴 소매를 어깨 뒤로 늘어뜨리고 춤추는 장면을 그린 것이다
- 무용수들은 긴 소매의 점무늬 옷을 입고 머리에 새깃털을 꽂고 있다.

≫ 무용총

2 각저총(씨름무덤)

- 중국 지린성 지안현에 위치
- 무용총처럼 인물 풍속도를 그린 두 칸 무덤이다.
- 이 벽화 중 유명한 것은 '씨름 그림'과 주인공의 생활 그림이다.
- 큰 나무 그늘 밑에서 두 씨름꾼이 승부를 겨루는데 그 옆에는 백발노인이 지팡이를 짚고 서서 심판을 보고 있다.
- 상대편의 약점을 노리는 씨름꾼들의 긴장한 표정, 신중하게 심판을 서는 노인의 구부정한 자세, 나뭇가지에 앉아 경기를 주시하듯 목을 길게 뽑은 새 등 씨름판의 광경을 사실감 있게 표현했다.

≫ 각저총

강서대묘 Q&A

1 위치는?
→ 남포시 강서구역 삼묘리 (평안남도 강서군 우현리)

2 만들어진 때는?
→ 7세기 중엽

≫ 백호

3 규모는?
→ 봉분은 방대형으로 한 변의 길이가 50m이고 높이는 8.7m이다.

4 만들어진 방법은?
→ 돌로 쌓은 무덤칸 위를 진흙과 석회를 잘 섞어 다지면서 쌓아올렸고 마지막에 흙을 덮었다.
→ 안길과 안칸으로 된 외칸무덤이며 무덤칸은 잘 다듬은 화강석 판돌로 만들었다.

≫ 주작

5 무덤의 주인은?
→ 안칸 천장의 황룡을 근거로 왕릉급의 무덤으로 추정하고 있는데, 590년에 죽은 '평원왕'의 무덤으로 보는 견해도 있다.

≫ 청룡

6 특징
→ 고구려 벽화 무덤 중 제일 큰 벽화 무덤
→ 강서 큰 무덤의 걸작은 동쪽의 (   ), 서쪽의 (   ), 남쪽의 (   ), 북쪽의 (   ) 즉, 사신도를 그린 벽화가 가장 알려져 있다.

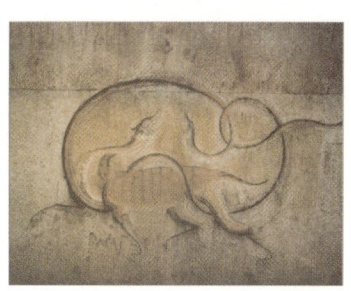
≫ 현무

광개토대왕릉비

1 정식 명칭은?

- 광개토대왕의 원래 시호는 '국강상광개토경평안호태왕'인데 그 이름에서 비석의 이름이 정해졌으며 '호태왕비'라고도 한다.

2 위치는?

- 중국 지린성 지안현 퉁거우

≫ 광개토대왕릉비

3 누가 세웠나?

- 414년(장수왕 2년)에 고구려 제19대 왕인 광개토대왕의 업적을 기리기 위해 아들인 장수왕이 세웠다.

4 규모는?

- 커다란 암석으로 만들어졌는데 불규칙한 직사각형의 기둥 모양
- 높이는 639m, 너비가 270m, 무게가 37톤
- 비석의 아래에 화강암의 받침대를 만들었다.

5 비석의 글자

- 4면에 모두 글자가 새겨져 있다.
- 바둑판처럼 반듯하게 선을 그어 가로 14cm, 세로 15cm 크기의 글자를 새겨 넣었다.
- 글자 하나의 크기가 손바닥만한 글자를 44줄 1,775자를 새겨 넣었다.

중원고구려비

1 위치는?
➤ 충청북도 충주시 가금면 용전리 입석 마을

2 규모는?
➤ 총 높이는 203m, 비면 높이는 144m, 너비가 55m

> 중원고구려비

3 비문의 내용
➤ 당시 신라가 고구려에게 조공을 바쳤다는 내용이 적혀 있다.
➤ 비문에서 고구려는 신라를 동이(동쪽의 오랑캐)라고 부르고 있다.
➤ 이는 고구려 자신을 세계의 중심으로 생각하고 주변 국가나 종족들을 조공국과 같이 대하고 있었음을 알 수 있는 구절이다
➤ 4세기 한반도의 상황을 잘 알려주는 중원고구려비는 1979년 충주의 문화재 연구단체가 마을 입구에 서 있는 선돌에 글자가 새겨진 것을 보고 연구하기 시작하였다.

4 역사적 의의
➤ 국보 제205호
➤ 한반도에 남아 있는 유일한 고구려비
➤ 당시 신라와 고구려의 국제 관계, 영역 문제를 비롯해 고구려인의 국제 질서에 대한 의식을 알 수 있는 귀중한 자료이다.

고구려의 결혼 풍습

1 ( )

- 결혼식을 하는 날 신랑은 신부의 집 문 앞에서 절을 한 다음에 신부의 부모님에게 신부를 달라고 부탁을 했는데, 반드시 허락을 받아야 했으며 돈이나 비단 등 많은 양의 지참금이 필요하기도 했다.
- 결혼을 한 신랑은 신부의 집에서 마련해 둔 사위의 집에서 살아야 하는데, 이것은 보통 집안의 별채에 마련했다.
- 결혼한 뒤 처갓집에서 생활을 하다가 아이를 낳아 아이가 장성하면 신랑의 집으로 가족이 옮겨 가게 된다.

2 ( )

- 형이 죽으면 그 동생이 형수를 부인으로 취하는 제도로 씨족사회에서 재산을 보호하기 위해 행해진 독특한 제도가 이어져 내려온 것이다.
- '갑'이라는 씨족에 살고 있던 여자가 남편이 죽은 다음 '을'이라는 씨족의 남자와 결혼하게 되면 죽은 남편의 재산을 '을'의 씨족으로 가져가게 되는데 이렇게 되면 '갑'이라는 씨족은 사람도 잃고 재산도 잃게 되는 셈이다.
- 이렇게 될 바에야 차라리 동생이 형수를 부인으로 맞아들이는 것이 씨족의 입장에서 훨씬 유리한 일이었기 때문에 생겨난 제도라고 한다.

3 고구려의 혼수품이었던 ( )

- 고구려의 여자들은 시집갈 때 반드시 갖춰야 할 혼수품이 ( )였다.
- 고구려는 중국을 비롯한 주변의 나라와 끊임없이 전쟁을 벌였기 때문에 언제, 어디서 죽게 될지 모르는 상황에서 땅에 묻힐 때 입는 수의가 결혼 필수품이 된 것이다.
- 심지어 전쟁이 일어나 피난을 갈 때도 수의는 꼭 챙겼다.

고구려의 시가

1 고구려의 시가에 관해서는 고분벽화와 주변 국가의 사료에 의해 연구되고 있다.

2 고구려에는 관, 현, 격타악 등 17종의 악기가 있었다.

3 (   )은 중국 진나라의 칠현금을 개량하여 (   )를 만들었고 연주에 필요한 100여 곡을 만들어냈다.

4 현재 전해져 오는 시가문학 작품으로는 유리왕의 (   ), 법정사의 (   ), 을지문덕의 (   ) 등이 있다.

황조가

유리왕

펄펄 나는 저 꾀꼬리
암수 서로 정답구나
외롭구나 이내 몸은
뉘와 함께 돌아갈고

※ 이 시가는 고구려의 제2대왕인 유리왕의 두 부인이었던 (   )와 (   )가 다투어 그 중 (   )가 떠나게 되자 유리왕이 이를 안타까워하며 지은 것으로 우리나라 최초의 (   )로 알려져 있다.

고구려의 음식 문화 Q&A

1 우리나라의 대표 음식 '불고기'
- 고구려 사람들이 쇠고기를 양념장에 재어 구워 먹은 것이 오늘날 불고기의 시초이다.
- 이것이 중국에까지 알려졌는데 중국 사람들은 이 요리를 (   ),
  즉 (   )의 고기라 부르면서 그 맛을 칭찬했다고 한다.
- 당시의 요리법은?
  ① 숯불을 피운 다음 그 위에 재를 얇게 덮고는 쇠고기를 석쇠에 얹어 살짝 구워낸다.
  ② 그것을 찬물에 세 번 정도 담갔다가 다시 세 번 정도 굽는다.
  ③ 소금과 간장, 기름, 술, 마늘 등을 넣은 양념을 칠해 다시 구워 먹었다.

2 고구려인들이 즐겨먹었던 곡류는?
- 척박한 환경에서도 잘 자랄 수 있는 (   )와 (   )이 가장 대표적이었으며 그 외에 보리, 밀, 기장, 수수 등도 즐겨먹었다.
- 벽화를 통해서 볼 때 고구려인들은 이러한 곡류를 지금처럼 낟알 그대로 익혀서 먹지는 못했을 것이며, 곡류를 수확한 후 가루를 내어 쪄서 먹었을 것으로 보인다.

3 고구려는 특히 (   )이 가장 많이 재배되었는데 이것을 발효시켜 만든 (   ) 와 (   ) 역시 많이 만들어져 당시 중국이나 일본으로도 알려졌다.

4 고구려의 서북 지역은 농사에는 부적합한 초원지대였기 때문에 목축이 발달하여 염소, 양, 말 등의 젖을 이용한 음식을 만들어 먹었다.

5 고구려에서 재배되었던 채소로는 아욱과 부추가 알려져 있다.

고구려 제왕들의 책사

※ 책사란? ➡ 계책을 세우는 사람, 또는 계책에 능한 사람

제왕	책사	업적
제1대 동명성왕	세 아들	● 유리 : 고구려의 제2대 왕 ● 비류 : 고구려의 패권을 잃은 비운의 왕자 ● 온조 : 백제의 시조
제3대 대무신왕	호동왕자	● 낙랑공주를 통해 자명고를 찢게 한 장본인으로 고구려 낙랑정벌의 일등 공신
제7대 차대왕	명림답부	● 99세에 혁명을 일으킨 고구려 최초의 국상
제9대 고국천왕	을파소	● 고국천왕에게 있어 제갈량과 같았던 국상으로 '진대법'이라는 빈민구제 정책을 만듦
제15대 미천왕	창조리	● 미천왕의 스승이자 정치적 동반자
제26대 영양왕	을지문덕	● 30만 대군의 수나라 양제의 침입을 살수(청천강)에서 물리친 명장
제28대 보장왕	연개소문	● 24년 동안 위기에 빠진 고구려를 지켜낸 수문장

사랑도 잃고 목숨도 잃은 '호동왕자'

대무신왕에게는 첫째 왕비에게서 얻은 아들 애루가 있었지만 그는 둘째 부인이 낳은 호동과는 그 재주를 비교할 수 없었다. 호동이란 이름도 대무신왕이 직접 지어줄 정도로 그 총명함과 용맹함으로 호동왕자는 대무신왕의 사랑을 독차지했다.

대무신왕의 첫째 왕비는 질투심이 무척 강한 여자였다. 그런 그녀의 질투심을 더욱 자극할 수밖에 없는 일이 일어나게 되었다. 대무신왕 재위 15년 4월 항시 탐을 내던 낙랑국을 정복하기 위해 호동이 밀사로 보내지게 된 것이었다.

사냥꾼으로 위장하고 낙랑국을 지나던 호동왕자는 그 곳의 왕인 최리를 만나게 되고 호동왕자의 인물됨을 살펴 본 그는 왕자를 사위로 삼게 된다.

이렇게 만나게 된 낙랑공주와 호동왕자는 깊은 사랑에 빠지게 되고 행복한 결혼생활을 하게 되었다. 그러나 호동왕자의 아버지인 대무신왕은 낙랑공주에게 진정한 고구려 여인이라면 낙랑국의 보물인 자명고를 찢어 진심을 보여 달라고 한다.

결국 나라와 사랑 앞에서 고민하던 공주는 자명고를 찢었고, 때를 기다리던 고구려군의 공격 앞에 낙랑국은 멸망하게 되었다. 사랑을 선택한 낙랑공주는 아버지인 최리에게 발견되어 죽음을 맞게 된다.

나라를 위해 사랑하는 아내를 희생시킨 호동왕자의 이야기는 당시 고구려 사람들에게 충분한 감동을 안겨주었고 호동왕자의 인기는 하늘을 찌를 듯했다.

이런 호동왕자의 인기에 질투심을 느낀 첫째 왕비는 호동왕자를 모함하게 되었고, 결국 호동왕자는 괴로움을 이기지 못하고 스스로 목숨을 끊게 된다.

농사꾼에서 국상의 자리에 오른 '을파소'

고국천왕 13년인 191년, 우리 역사상 가장 파격적인 인사가 이루어졌다. 오늘날의 국무총리격인 국상 자리에 '을파소'라는 정치 신인, 그것도 모자라 바닷가 외딴 마을의 늙은 농사꾼이 임명된 것이었다.

을파소의 등장에 다른 신하들은 반대할 수밖에 없었고 그런 그들에게 고국천왕은 "귀천을 막론하고 국상에게 복종치 않는 자가 있으면 그 일족을 멸하리라."고 하면서까지 을파소를 보호하였다. 그 이유는 무엇이었을까?

당시 고구려에서는 왕의 외척(왕비의 집안)들이 그 어느 때보다도 큰 권력을 누리고 있었다. 심지어 좌가려와 어비류는 그 세력이 막강해 군대를 이끌고 왕궁을 공격하기까지 하였다. 이때 고국천왕은 한나라 군대를 격파한 자신의 정예부대와 함께 그들을 처단했고 집안이나 신분에 의해서가 아닌 인품과 능력을 겸비한 인물이 필요하게 되었다.

두 외척 세력을 제거한 고국천왕은 4개의 부족에게 어질고 지혜로운 사람을 각각 추천하라고 하였고 그들은 왕의 눈치를 보며 '안류'라는 선비를 추천하였다. 왕의 부름을 받고 궁에 온 안류는 자신은 그런 큰일을 하기에는 부족하다며 '을파소'라는 농사꾼을 소개하게 된다.

고국천왕은 즉시 을파소를 불러들였고 그에게 중외대부와 우태라는 벼슬을 주었지만 그는 알 수 없는 미소를 띄우며 "더 현명하고 어진 인물에게 높은 관직을 주어 큰일을 이루게 하소서."라고 말했고 그가 단순히 겸손을 떠는 것이 아니라는 것을 깨달은 고국천왕은 "그렇다면 그대가 국상을 맡아 주시오!"라며 그에게 최고의 자리를 내주었다.

고국천왕이 을파소를 만나게 된 것은 유비가 제갈공명을 만나게 된 것과 같다고 비유될 만큼 서로에게 잘 맞는 파트너였고 그 둘이 만들어 낸 가장 큰 작품이 바로 가난한 백성을 돕는 '진대법'이었다. 을파소는 고국천왕의 뒤를 이은 산상왕 7년까지 국상으로 지냈다.

답지

P.4 1. 웅기 굴포리 2. 덕천 승리산 동굴
3. 상원 검은모루 동굴 4. 연천 전곡리
5. 제천 점말 동굴 6. 청원 두루봉 동굴 7. 부산 동삼동
8. 제주 빌레못 동굴 9. 공주 석장리 10. 강화 고인돌
11. 평산 해상 동굴

P.6 1. 46억 2. 70만 3. 뗀석기 4. 동굴 5. ④ 6. 간석기
7. 움집 8. ① 덧무늬 ② 빗살무늬

P.7 1. ②, ⑤
2. 청동검(비파형, 세형), 청동거울, 청동방울, 청동농기구
3. ① 족장의 무덤 ② 통나무, 받침돌, 덮개돌 ③ 계급
4. 철검, 쇠스랑, 쇠낫, 괭이, 쇠도끼 5. ⑤

P.8 1. 한 2. 고조선 3. 왕검성

P.9 1. 바람, 비, 구름, 농경 2. 신시 3. 토템
4. 제사장, 종교, 왕, 정치, 제정일치 5. 홍익인간

P.10 1. 2333 2. ① 단군 ② 기자 ③ 위만
3. 농사, 사유, 계급, 화폐 4. 순장 5. ④
6. 임둔군, 진번군, 현도군, 낙랑군

P.11 1. 부여 2. 고구려 3. 옥저 4. 동예 5. 마한 6. 진한
7. 변한

P.12~13 1. 마가, 우가, 구가, 저가, 지방분권 2. 영고
3. 4조목 4. 아들, 사위 5. 동맹 6. 1책 12법
7. ① 소금, 해산물 ② 과하마, 반어피, 단궁
8. 민며느리제 9. 책화 10. 무천
11. ① 마한, 백제 ② 진한, 신라 ③ 변한, 가야
12. ① 의림지 ② 벽골제 ③ 수산제 13. 소도
14. ① 파종제 ② 추수제

P.14 1. 고구려 2. 백제 3. 위례성 4. 웅진성 5. 사비성
6. 신라 7. 가야

P.15 1. 위례성, 서울, 온조, 몽촌토성, 풍납토성
2. 웅진성, 공주, 공산성, 장수왕, 개로왕, 문주왕, 분지, 방어, 송산리, 무령왕릉
3. 사비성, 성왕, 부여, 정림사, 왕흥사, 미륵사, 능산리

P.16 1. 온조 2. 주몽, 소서노 3. ① 위례성 ② 미추홀
4. 십제 5. 백성들이 즐겁게 따랐다
6. ① 한강, 돌무지 ② 부여

P.18 1. 온조왕, 온조, 큰 나라, 팽창, 마한 2. 다루왕, 다루
3. 기루왕, 말갈, 신라 4. 개루왕, 말갈, 북한산성, 길선
5. 초고왕, 소고왕, 신라, 말갈 6. 구수왕

P.19 7. 사반왕, 사반, 고이왕
8. 고이왕, 개루왕, 초고왕, 사반왕, 좌평, 범장지법
9. 책계왕, 고이왕, 청계왕
10. 분서왕, 책계왕, 분서
11. 비류왕, 구수왕, 비류

P.20 12. 계왕, 분서왕, 고이왕, 초고왕
13. 근초고왕, 비류왕, 계왕, 평양성, 고국원왕, 신라, 왜
14. 근구수왕, 근초고왕
15. 침류왕, 근구수왕, 아이부인, 마라난타, 불교
16. 진사왕, 근구수왕, 침류왕, 아신왕, 광개토대왕, 아신왕

P.21 17. 아신왕, 침류왕, 아방왕, 아화왕, 진사왕, 왜, 가야, 왜, 광개토대왕
18. 전지왕, 아신왕, 직지왕, 아신왕, 일본, 아신왕, 전지왕, 훈해, 혈례, 신
19. 구이신왕, 전지왕, 팔수부인, 팔수부인, 목만치
20. 비유왕, 전지왕, 송나라, 신라
21. 개로왕, 비유왕, 근개루왕, 북위, 고구려, 바둑, 장기, 도림, 장수왕

P.22 22. 문주왕, 비유왕, 개로왕, 웅진, 해구
23. 삼근왕, 문주왕, 삼걸왕, 임걸왕, 해, 진
24. 동성왕, 문주왕, 곤지, 왜, 비지, 백가
25. 무령왕, 개로왕, 곤지, 사마왕, 동성왕, 백가, 고구려, 말갈족
26. 성왕, 무령왕, 사비, 남부여, 신라, 고구려, 진흥왕, 관산성

P.23 27. 위덕왕, 성왕, 신라, 고구려, 가야, 왜
28. 혜왕, 성왕, 위덕왕, 위덕왕, 아좌, 위덕왕
29. 법왕, 혜왕, 불교, 왕흥사
30. 무왕, 위덕왕, 신라, 당나라, 고구려, 왕흥사, 사비궁, 미륵사
31. 의자왕, 무왕, 해동증자, 신라, 고구려, 당나라

P.24 1. ④ 2. 근초고왕 3. 침류왕 4. ② 5. 성왕 6. 무왕

답지

P.25 1. 정사암 2. 좌평, 16 3. 5, 담로 4. 오경박사
5. 우아, 세련, 국제
6. ① 몽촌토성 ② 칠지도 ③ 궁남지 ④ 서기
　　⑤ 서산 마애삼존불 ⑥ 금동대향로

P.28 1. 마애삼존불, 마애불, 빛, 백제의 미소
2. 정림사, 미륵사, 목탑 3. 미륵사, 목탑

P.37 1. 41 2. 망해정 3. 성충 4. 윤충 5. 탄현, 기벌포

P.38 1. 고구려 2. 졸본성 3. 국내성 4. 평양성 5. 백제
6. 신라 7. 가야

P.39 1. 졸본성 2. 국내성, 유리왕
3. 평양성, 장수왕, 광개토대왕, 안학궁

P.40 1. ① 해모수, 유화 ② 활을 잘 쏘는 사람 2. 금와왕
3. 오이, 마리, 협보 4. 졸본
5. 높은 나라, 신성한 나라
6. 유리, 비류, 온조, 소서노

P.42 1. 동명성왕, 고주몽, 동명성왕
2. 유리명왕, 동명성왕, 동부여, 선비족, 졸본성, 국내성
3. 대무신왕, 유리명왕, 무휼, 동부여, 낙랑, 광무제
4. 민중왕, 유리명왕, 해색주, 대무신왕, 해우, 형제상속
5. 모본왕, 대무신왕, 해우, 두로

P.43 6. 태조왕, 유리명왕, 재사, 궁, 요동
7. 차대왕, 태조왕, 수성, 막근, 고복장, 명림답부
8. 신대왕, 태조왕, 차대왕, 백고, 명림답부
9. 고국천왕, 신대왕, 남무, 을파소, 진대법
10. 산상왕, 신대왕, 고국천왕, 연우, 형사취수제, 고국천왕, 우

P.44 11. 동천왕, 산상왕, 우위거, 서진, 남진
12. 중천왕, 동천왕, 연불, 절노부
13. 서천왕, 중천왕, 약로, 숙신
14. 봉상왕, 서천왕, 치갈왕, 삽시루, 달가, 돌고, 창조리
15. 미천왕, 서천왕, 돌고, 을불, 우불, 창조리, 요동, 서해

P.45 16. 고국원왕, 미천왕, 소, 요동, 연, 근초고왕, 평양성
17. 소수림왕, 고국원왕, 구부, 순도, 아도, 불교, 율령, 태학
18. 고국양왕, 소수림왕, 어지지, 이련, 후연, 백제
19. 광개토대왕, 고국양왕, 담덕, 안, 흑룡강, 임진강 연해주, 요하

P.46 20. 장수왕, 광개토대왕, 거련, 평양성, 남하, 개로왕, 한강
21. 문자명왕, 장수왕, 조다, 나운, 명치호왕, 불교, 북위, 양, 나제
22. 안장왕, 문자명왕, 흥안, 차령
23. 안원왕, 문자명왕, 안장왕, 보연, 북위, 동위, 양나라

P.47 24. 양원왕, 안원왕, 평성, 돌궐, 백제, 신라, 가야
25. 평원왕, 양원왕, 양성, 탕성, 평강왕, 평국왕, 평강상호태왕
26. 영양왕, 평원왕, 대원, 말갈, 거란, 수
27. 영류왕, 평원왕, 영양왕, 성, 연개소문
28. 보장왕, 영류왕, 대양왕, 장, 보장, 당, 안시성

P.48 1. 황조가 2. 태조왕 3. 미천왕 4. 고국원왕 5. ③
6. 광개토대왕, 장수왕 7. ① 영양왕 ② 보장왕
8. 보장왕

P.49 1. 제가 2. 14 3. 5, 욕살 4. 소수림왕, 태학, 경당
5. 웅장, 힘, 패기 6. ① 광개토대왕릉비 ② 연가7년 명금동여래입상 ③ 장군총 ④ 사신도

P.50 1. 오녀산성 2. 환도산성 3. 대성산성
4. 해자, 청야수성, 해자

P.51 1. 적석총 4. 고분, 묘, 총, 능

P.53 6. 청룡, 백호, 주작, 현무

P.56 1. 데릴사위제 2. 형사취수제 3. 수의, 수의

P.57 3. 왕산악, 거문고
4. 황조가, 영고석, 여수장우중문시 (밑) 화희, 치희, 치희, 서정시

P.58 1. 맥적, 고구려 2. 조, 콩 3. 콩, 메주, 된장

한국사인증시험 기출문제 사이트
한국사능력검정시험 : http://www.historyexam.go.kr

* 아래 사이트는 한국사능력검정시험을 준비하는 곳이며, 시험 주관인 교육인적자원부
  국사편찬위원회와 관련이 없습니다.

- 히스토리이그잼 : http://www.historyexam.net
- 한국사검정능력 공식카페 : http://cafe.daum.net/coreahistoryexam
- 히스토리아 : http://historia.tistory.com

초판 1쇄 인쇄 | 2007년 7월 25일
초판 1쇄 발행 | 2007년 7월 30일

지 은 이 | 김인순
펴 낸 이 | 진성옥 · 오광수
펴 낸 곳 | 꿈과 희망
마 케 팅 | 이복자, 이창원
인   쇄 | 정화인쇄 창
출판등록 | 제1-3077호

주소 | 서울특별시 용산구 원효로 1가 119-9
전화 | 02)2681-2832
팩스 | 02)943-0935
http://www.dreamnhope.com
e-mail | jinsungok@empal.com

ISBN | 978-89-90790-61 〈세트〉
ISBN | 978-89-90790-62-0 74910

값 6,500원
ⓒ Printed in Korea.

※ 잘못된 책은 바꾸어 드립니다.
※ 꿈과희망은 이 책에 실린 자료의 출처를 찾기 위해 최선을 다했습니다.
  누락이나 착오가 있으면 다음 인쇄를 찍을 때 수정하겠습니다.